陝西出版資金資助項目

『中華太極・趙堡』系列叢書

# 太極拳正宗

杜元化　著
張廣漢　整理

西北大學出版社
・西安・

圖書在版編目(CIP)數據

太極拳正宗 / 杜元化著；張廣漢整理. —西安：
西北大學出版社，2022.4（2025.1重印）

ISBN 978-7-5604-4898-5

Ⅰ. ①太… Ⅱ. ①杜… ②張… Ⅲ. ①太極拳-基本
知識 Ⅳ. ①G852.11

中國版本圖書館 CIP 數據核字(2021)第 270999 號

# 太極拳正宗

TAIJIQUAN ZHENGZONG　　杜元化　著　張廣漢　整理

出版發行　西北大學出版社
地　　址　西安市太白北路 229 號
郵　　編　710069
網　　址　http://nwupress.nwu.edu.cn
E - mail　xdpress@nwu.edu.cn
電　　話　029-88303404
經　　銷　全國新華書店
印　　裝　陝西博文印務有限責任公司
開　　本　720 mm×1020 mm　1/16
印　　張　9.25
字　　數　70 千字
版　　次　2022 年 4 月第 1 版　2025 年 1 月第 2 次印刷
書　　號　ISBN 978-7-5604-4898-5
定　　價　60.00 圓

# 太極拳正宗

乙亥年夏初

直鉛朱鋼題

神而明之
存乎其人

劉丙顯題

## 整理說明

太極拳乃中華國粹，若以三豐祖師爲起源，至今有八百餘年歷史。其『以人體喻自然』『以後天練先天』之要義，深刻反映了中華優秀傳統文化之精髓。

本書以民國二十四年（1935）五月刊印之《太極拳正宗》爲整理底本。作者杜元化是民國二十年（1931）河南沁陽附生，曾任河南省國術館教授。杜元化遠承先輩大師王林楨『廣其傳』之祖訓，近遵其師任長春之遺願，以其師任長春所傳爲據，編述而成《太極拳正宗》，『公之同好』，傳承拳法精要，弘揚太極拳文化。據原書版權記述，《太極拳正宗》八册，此乃先行印製之第一册。其所説其餘七册，編者遍搜藏書未見。太極拳素以師徒口傳心授爲法，打破秘而不傳之常規印行此書，乃拳界幸事，亦有助思想文化界認識瞭解太極拳。今經拳界、文化界諸多名家閲覽審視，皆以爲對其整理出版有殊勝意義。

本次整理出版以影印爲主，保持原書面貌，圖示依舊，文字叙述繁簡并用、文白皆有。在原版照相基礎上，做以下處理：一是不論叙述語氣，對文字只進行句逗標點；二是改正明顯的錯字，如左右、前後相誤等；三是对原書損毀、字迹湮沒不清之處，結合習練，揣摩體會進行了填補；四是廓清體系，編輯整理出目録。

另外，出於整体考慮，將原書陳泮嶺序後劉丕顯『神而明之存乎其人』的題詞，挪至整理說明之前，這也是對原書版式最大的改動之处。

如此，惟願便於廣大讀者閱讀，研習領略，體會提高，傳承弘揚太極拳這一中華優秀傳統文化。

限於整理者水平，書中可能存在錯漏尚未得到處理，敬請讀者諒解。

整理者

二〇二一年九月九日

# 目録

[illegible]

## 陳序

拳術大宗有二，一曰少林爲外家；一曰武當爲內家。外家練形氣，內家練神理。外家是由外固內，內家是由內達外。其爲內外交修，歸極則一也。世所傳太極拳精微奧妙，名同實異者，實繁有徒。今尚有湮沒弗彰，河南温縣趙堡鎮之太極也。余觀其拳係，師承懷慶温縣蔣先生發。蔣生于明萬曆二年，學拳于山西太谷縣王林禎。王之師曰雲遊道人。有歌曰：太極之先，天地根源。老君設教，宓子真傳。宓子而後，代具有傳人。因姓氏未傳，不克詳徵。至三丰神而明之，發揚廣大，號曰武當派。其後曰雲遊道人。數傳至趙堡鎮。其術由來之大要。其術神理奧妙，通天地人而成一家，可以養生，可以禦侮技也。近于道矣。余酷嗜拳法，歷訪名家，冀得其精秘。不料今得杜先生育萬，所著秘而不傳太極拳圖解十三様，公之同好，方覺太極拳名實相符。其說盡以人身比天地，層層對照，悉以後天引先天，發出丹田中先天真氣，身體自然强健，純是一等勒力。竊聞强種救國，以强健身體爲上乘。而其拳術，若是對于强健身體，尤爲握要。其最妙者，始由天道起，中抱六十四勢，每勢練够十三様手法，即一圓，兩儀，四象，八卦，是也，末以天道終。然杜先生，由是而學，所以教人循循善誘，不顧獵等。余樂其第一册初成，爰志數語，以勖同志勉學焉。

中華民國二十四年五月　河南省國術館館長陳泮嶺謹序

# 太極拳溯始

余先師蔣老夫子，原籍懷慶温縣人也。生于大明萬曆二年，世居小留村，在縣之東境，距趙堡鎮數里之遥。至二十二歲，學拳于山西太原府太谷縣王老夫子諱林楨。事師如父，學七年，禮貌不稍衰，師亦愛之如子。據聞，王老夫子學于雲遊道人，學時即告以此拳之來歷久矣。此拳何自來乎？有歌爲證。歌曰：太極之先，天地根源。老君設教，夾子真傳。玉皇上帝，正坐當筵。帝君真武，列在兩邊。三界内外，億萬神仙。傳與拳術，教成神仙。今將此歌此道以及諸秘訣傳之于汝，汝必擇人而傳，不可不慎。所以蔣老夫子學成之後，歸家之時，王老夫子囑曰：汝歸家，此術不可妄傳，并非不傳，汝傳是不得其人不傳，果得其人，必盡情以教之。倘得人不傳，如同絶嗣。能廣其傳更好。歸家之後，其村與趙堡鎮相距甚近，趙堡有邢喜槐者，素慕蔣老夫子拳術絶倫，因素無瓜葛，無緣從學，每逢蔣老夫子到鎮，相遇必格外設法優待，希圖浹洽，意在學拳。如此，蔣老夫子閱二年之久，見其持己忠厚有餘，待人誠敬異常，察知其意，始以此術傳之。其中奧妙無不盡泄。其後，有張楚臣者，邢先生之同盟弟也，想其人不卜必端，所以邢先生又盡情授給之。

張楚臣先生原籍山西人也，初在趙堡鎮以開鮮菜鋪爲業，後駿發改作糧行，察本鎮陳敬柏先生人品端正，凡事可靠，所以將此術全盤授之。其後陳先生欲擴張此術，廣收門徒，至八百餘。能得其一技之長者十六人，能得其大概者八人，能統其道者，惟張宗禹先生一人。其後傳給其孫張先生彥，先生又傳給陳先生清平，清平先生傳給其子陳景陽及本鎮其少師張應昌、和兆元、牛發虎、李景顏、李作智、任長春、張敬芝。歷代傳人很多，不能備載。以上所錄諸老夫子皆有事迹可考，另註有册。余師嘗云：此拳本是修身練氣之術，長生不老之基，打人尤其餘事。試觀此拳，無論何層，統是因人之同然，隨人之自然，其實不外乎個人一心之本然。至其或動或靜，無非主宰流行與對待。不然何以名曰太極。如就此拳統論之，全是以人身比天地。細分之，又是以人身之動作仿太極。太極分動靜、屈伸、虛實、剛柔，包藏至道，略舉數端以明，并非無稽之言。怎見得，如說動靜屈伸，歌云靜分動合屈伸就。說虛實，歌云左宜右有虛實處。說剛柔，歌云極柔極剛極虛靈。說至道，歌云一羽不加至道藏。這都是按人身之動作與太極合，確確有據。世皆謂是
三丰祖師所傳，余亦特信。想當彼時，
三丰祖師因世亂，隱居武當，號曰丹士，將此拳練至神化之域，技冠當代，名著環球，朝野之人無不欽佩。在武術中不亞
孔子在文學內集郡聖之大成，所以斯術號爲武當派，名曰
三丰傳，然究其根，則此拳之發源不自此始，何則據？余
師所聞，云此拳乃係
老子所傳，惜余
師等皆早仙逝，余言無處可徵。雖無處可徵，却有前歌尚存，說是

灾子真傳，即此一句可以證明。灾子即灾喜，號曰尹文始，爲老子之高徒，越五世傳與

張三丰，

三丰則庶幾與余師等，歷代相傳之，歌語當然。余不過謹據所聞，如此亦未敢確爲決定。今世皆說是三丰所傳，亦猶余敝處多說是由蔣老夫子所傳，又猶現在余敝處說是清平老師所傳，然此均非無稽之言。按實此拳是爲學家體育一法，即三丰祖師亦非斤斤然，以此拳名世，不過藉此爲練丹之術，使世人知練斯術者，可以延年益壽，久之真能練至純陽，即可云仙。由是觀之，謂爲三丰所傳，謂爲文始所傳，謂爲蔣發所傳，謂爲清平所傳，皆是也。總一歸本于老子所傳，方可謂之真源。

## 自序

余

師任先生諱長春，沁陽縣境東南西新莊人也。聘在余村教授五年間，嘗云練太極拳者，若不知此中秘訣與各層圖解，雖朝夕用功，或整年累月，甚至練數十年之久，在彼意謂只要有工夫就能造成高手、妙手，吾謂徒妄想耳，可爲之下一斷語，譬如愚人妄想升仙路，瞎漢夜走入深山，不惟無益，甚且有損。余謂此云確是有閱之言，學者甚勿視爲平淡之語。

## 自序

拳術爲我國國粹，蓋世之通論也。余世居沁陽義莊，初學拳于余村牛老夫子玉璠，教有七十二路戰捶以及炮捶五合六合七貫練法，以戰捶爲根據，乃余村數百年之流傳。凡在幼時無不鍛鍊，不上三年，將打破開拿，確實指點，即能作用。能此，凡謂技出人上，自覺所謂國粹者，不過如此。余友崔玉文之姊丈張生全，素號太極拳家，不知其僅學一聯，每至余村，說太極拳高出一切，頻與戲鬥，伊無不失敗，其心雖是不服，無奈余何。彼張生全忽于光緒三十一年春，偶携一人，童顏鶴髮，飄飄然來，儒雅異常，温和可親，說是沁温兩縣太極拳專家。余暗計伊係文人狀態，量無特長，因故問太極拳有何奇術，伊云毫無奇術，只一自然而已。余追問何謂自然，伊云本乎天道，不尚勉强。余謂練拳與天道何關，請道其詳。伊從容言曰，人身即天地，天地即太極，太極之內分出先後天，練斯拳者，以後天引先天，其中有無數層折，均須一層挨一層，不得獵等，否則無效。練至心腎歸丹，催動鉛汞，安軸安輪，并且，與天地合德，指人腹背而言；與日月合明，指人耳目而言；與四時合序，指人肺肝而言；與神鬼合吉凶，指呼吸而言。能明此，延年益壽。于是乎，在余聞至此，不禁神馳曰，不圖爲拳之至于斯也，即請先生肯傳人否。伊云苟非其人，道不虛傳，便宿辭去。余方俯首敬請姓名住址。伊云姓任名長春，世居沁温兩界，村名新莊。別後，余友崔君愛慕殊深，余則滋甚，因語余曰，世有如此妙手，你我聘以重幣，延之爲師，更加優待，何愁不傳。轉眼春去夏來，即于本年六月特將任先生聘來，余父與先生亦極其相契，至晚云，吾僕遑多年，未獲受家，汝等要是同俗學打，吾誠厭教，要是學過，沒恒就勢，不要入手。余即應曰：生先要看余等可教，誓以學盡爲止。先生大喜，隨施教焉。後漸增至學徒七人。每逢夜靜，方以秘訣口授，余皆秘用筆記。學至三年，余勁始過，方知所謂鉛汞者如此。猶記第三年臘月二十一日，余師因過年歸家，去後勁忽不過，不啻如至寶。至二十三日，心神俱亂，決意赴温求師，余父不允，余心鬱鬱，無可奈何。至二十四日，奉父命進城購物，乘此機直奔新莊。至時余師驚曰，汝來何幹？余以實對。師曰，易易。至晚有客，將余悶壞。客去更深，命同榻就寢。至五更，背師私起自練。余師忽醒，指名呼余不要再練，師急披衣下榻，用手一點，其勁即過。至天明，余即返沁歸家。又二年，方將手法學全。余師心喜，余亦樂甚，約云以後只用乾坤顛倒顛，余更樂甚。如此，安忍一日相離哉。哪料自五月歸家，獲病至七月十六日竟一病不起，即仙逝矣。彼時余親視含殮兼送歸窆，雖痛之失聲，天實爲之，謂之何哉。嗣後，對拳術幾無心練。延至民國二十年，本省立國術館考取武士。余叨列評判。考畢，即設班訓練，又充教授。至第二期，學員親自積資，邀余將余所學編輯成册，以備摹仿。那知册成被阻未印，令余無異抱荊山之泣。遂後，余亦離館，將册作廢。今學員將款追出，又邀付印，將所輯一册先行付印，其或有遺失錯謬，望有識者爲指迷津。

中華民國二十四年五月　河南沁陽附生杜元化謹序于汴垣

太極拳啓蒙序

竊聞余

師述，蔣老夫子所傳趙堡鎮太極拳，只太極之先，天地根源二語，盡之，何則，太極即天地也。太極之先，即無極也。天地根源，天地仍太極也，根源即無極中之背絲扣也。背絲扣既爲天地根源，即爲太極之母也。今編述太極拳第一册，名曰啓蒙。因其中動作着着混圓，與天地之無極同。由着着混圓，歷三直、四順、六合等等。本人身之混圓而造爲背絲扣。與天地根源同。既與天地之根源同，則人身之背絲扣，非即爲人身練太極之母乎。既爲人身練太極之母，則太極拳之基，實肇于此。太極拳之基既肇于此，則其中所練之兩儀、四象、八卦，誠無不肇于此矣。然此册本名曰聯，實爲太極拳入門之初步。所以名之曰啓蒙，撮其要旨，則曰綱領，舉其全體，則曰太極拳正宗。

中華民國二十四年五月　　河南沁陽杜元化序于汴垣

杜元化印

# 無極圖

圖解

空圈之中，天地未分，恍恍惚惚，陽中有陰，恍惚之際，又覺不僅陽中有陰，還像陰中有陽。究竟辨其何爲陰、何爲陽，仿佛似按不實。若謂其無陰與陽，儼然實有此陰陽之現象，亦不得謂其爲無。至于積久而陰陽自分，當未分之時，故曰無極。人身亦猶是也。當初練拳時，亦不知其何爲陽、何爲陰，縱有時覺察，亦在恍惚之中，故亦號曰無極。

練法

當洪濛之時，天地未分，無邊無際，混圓而已。恍恍惚惚，其中含有三直、四順、六合、四大節、八小節。雖在恍惚之中，絕未見其氣有撇有停，毫無主宰，而踏不流水，此天地未分之現象也。人身亦然。如天地是混圓，人身無處不是混圓。天地有三直，是上中下。人身亦有三直，是頭身腿。天地有四順，是寒温暑涼。人身亦有四順，是手身腿脚。天地有六合，是上下四方。人身亦有六合，是手脚肘膝膀胯。天地有四大節，是春夏秋冬。人身亦有四大節，是兩膀兩胯。天地有八小節，是四立二分二至。人身亦有八小節，是兩手兩肘兩膝兩胯。天地旋轉，未見有撇有停，是氣數。人身動作亦是不撇不停，亦是氣數。不過未免有時嫌滯。天地有主宰，是理，而不流水，是節候。人身亦是有主宰，是心，而不流水，是節制。不過未免有時稍混。所以，吾人本太極以造拳，必須從三直、四順、六合、四大節、八小節、不撇不停、不流水做起，爲練拳洪濛之時，所以名曰無極。雖說與天地斤斤有關，并非外鑠强爲牽拉也。然非修練經過者，不知若將此數層練過，其中之混圓一變即是背絲扣。斯拳之聯備矣，再由背絲扣一變即成太極。練至此，正氣機變化之幾也，然此是未變太極以前之事，故號曰無極，亦名曰聯。

## 太極拳啓蒙規則

(一)空圈

一勢一勢都練成空圓圈，即是無極，即是聯，故每勢以轉圓爲主，不須斷續，不須堆窪，如此做去，方爲合格。

(二)三直

頭直，身直，小腿直，三者何以能直，細分之，是不前俯，不後仰，不左歪，不右倒，不扭胯，不掉胯，自然上下成直。

(三)四順

順腿，順脚，順手，順身，四者何以能順，細分之，是手向左去，身順之去。腿向左去，脚亦順之去。惟順脚時，先將脚尖撩起，隨勢而動。切記不可抬高移動身之重點。向右順，亦然。

(四)六合

手與脚合。肘與膝合。胯與胯合。心與意合。氣與力合。筋與骨合。

（五）四大節八小節

兩膀兩胯爲四大節，膀爲梢節之根，胯爲根節之根。周身活潑全賴乎此。八小節，兩肘兩膝兩手兩脚，節節隨膀隨胯挨次運動，勿令死滯，自能順隨，與膀胯爲一。

（六）不撇不停

每動一着，左手動右手不動，爲撇。右手動左手不動，亦爲撇。脚之作用與手同。不到成勢時止住，是爲將勁打斷，名曰停。犯此，無論如何鍛鍊，勁不接連，終無效用。

（七）不流水

每一着，到成時一頓，意貫下着，是爲勢斷意不斷。如不停頓，一混做去，謂之流水。犯此，到發勁時，因勢無節制，勁無定位，必致勁無從發。此宜深戒。

總括

四梢

每一動作行于四梢，此爲練拳者之必要。有歌爲證。

歌曰

牙齒爲骨梢。舌頭爲肉梢。指甲爲筋梢。毛孔爲氣梢。

總歌兼體用連聯解

一圓即太極

此層從背絲纏絲分出陰陽。其練是纏法，其用是捆法。此層圖解歌訣列在此卷之首。

上下分兩儀

此層陽升陰降，陽輕陰重。其練是波瀾法，其用是就法。此層圖解歌訣列在此卷之首。

進退呈四象

此層半陰半陽，純陰純陽，互爲往來。其練是躉法，其用是伏貼法。此層圖解歌訣列在此卷之首。

開合是乾坤

此層天地相合，陰陽交合。其練是抽扯法，其用是撑法。此層圖解歌訣列在此卷之首。

出入綜坎離

此層火降水升，水火沸騰。其練是催法，其用是回合法。此層圖解歌訣列在此卷之首。

領落錯震巽

此層雷風鼓動，有起有伏。其練是抑揚法，其用是激法。此層圖解歌訣列在此卷之首。

迎抵推艮兌

此層爲口爲耳，能聽能問，彼此通氣。其練是稱法，其用是虛靈法。此層圖解歌訣列在此卷之首。

命名十三式

總而合之爲十三。因各有效用，故不得不別之爲十三。

此是真秘訣

其中所包一圓、兩儀、四象、八卦，各有秘訣，一絲不紊。一太極圖之中而十三式俱現，秘莫秘于此矣。

萬萬勿輕施

秘戒學者，愼重傳人，切忌濫授。

是歌均繪有圖，有解，有練法，有通俗，有由體達用。共分七層，連聯而爲八。聯雖不歸致用，不列歌內，其實爲致用之母。況歌中七層，皆由此而生。此層爲練拳洪濛之世，如初學時自始至終，無非混混沌沌，莫明其故。迨練至背絲扣，心中恍惚才有一點明機。而太極之生實肇于此矣。故歌從一圓即太極起。

## 太極拳總論附歌

歌云 河南懷郡温邑趙堡鎮陳清平

舉步輕靈神內斂　莫教斷續一氣研

左宜右有虛實處　意上寓下後天還

一舉步，周身俱要輕靈，尤須貫串，氣宜鼓蕩，神宜內斂。

歌云

舉步輕靈神內斂

勿使有凸凹處，勿使有斷續處，其根在腳，發于腿，主宰于腰，形于手指。由腳而腿而腰，總須完整一氣。向前退後，乃得機得勢。有不得機得勢，其病必于腰腿間求之。

歌云

莫教斷續一氣研

虛實宜分清楚，一處自有一處虛實，處處總此一虛實，上下前後左右皆然。

歌云

左宜右有虛實處

凡此皆是意，不在外面。有上即有下，有前即有後，有左即有右。如意要向上，即寓下，意若將物掀起，而加以挫之之力，斯其根自斷，乃壞之速而無疑。總須周身節節貫串，勿令絲毫間斷耳。

歌云

意上寓下後天還

背絲扣爲太極拳之母，是此拳徹始徹終工夫。此論此歌，是教人單做背絲扣順逆動作之法，故以總稱之。

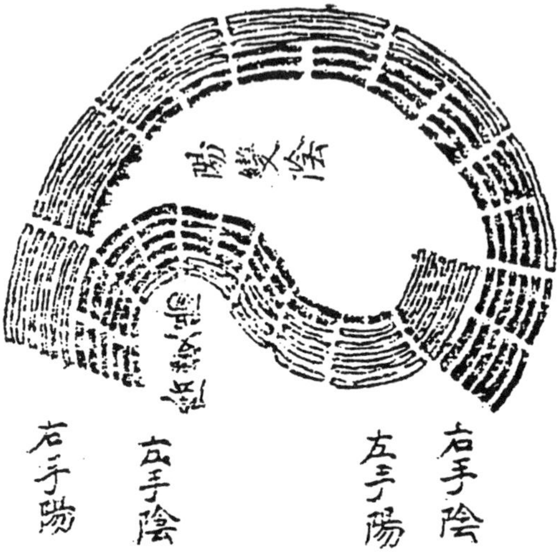


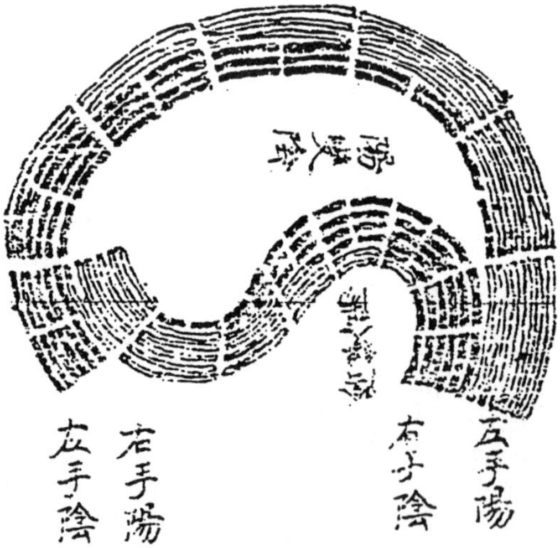

# 太極拳目録

# 太極拳十三式手法起源之圖

本太極拳十三式手法始由天道起中包六十四勢每勢要練够十三字即一圖兩儀四象八卦是也末以天道終余師云苟非其人道不虛傳

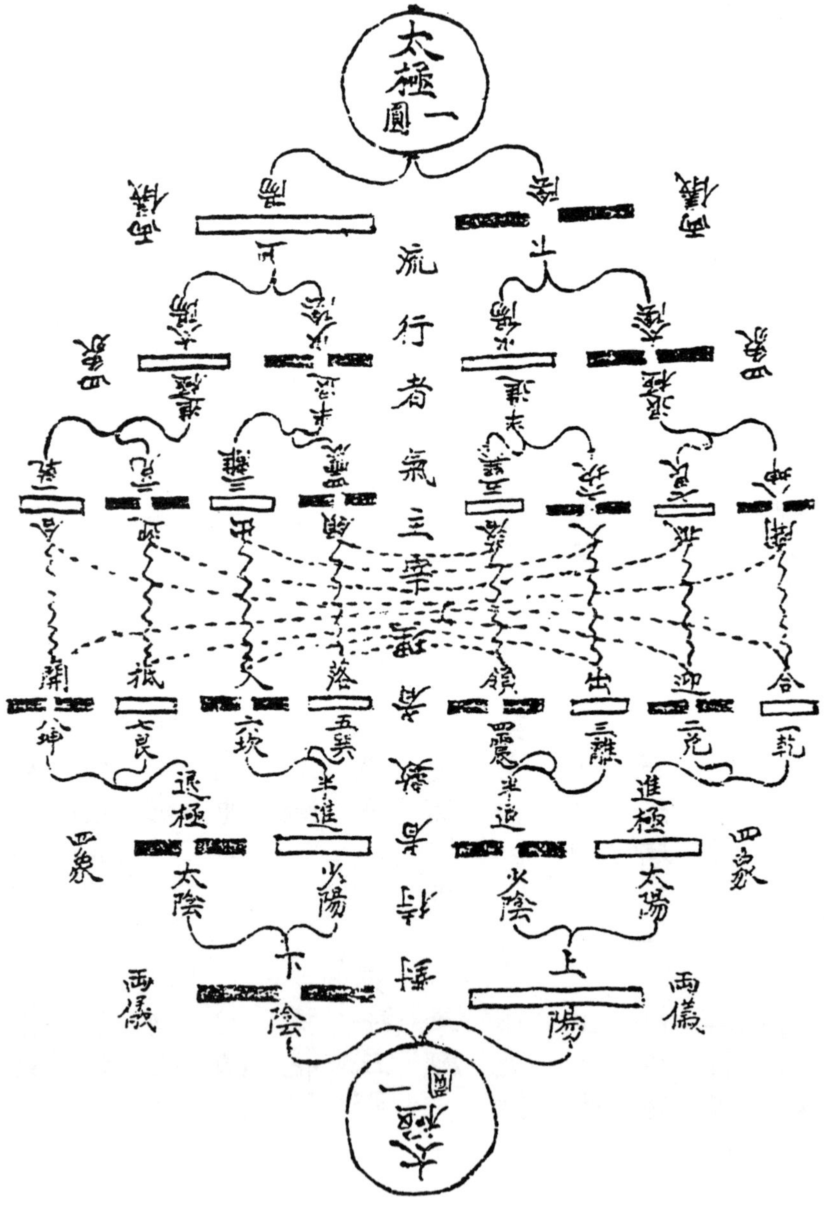

## 背絲扣圖解

背絲扣，爲太極拳徹始徹終工夫。其所以然者何哉，蓋以太極拳之動作姿勢，仿佛若是也。試觀空圈之中，恍恍惚惚，其氣機發出一種現象。一向一背，分順分逆。非象夫背絲扣乎，非象夫太極中一明一暗之曲絲乎。故以背絲扣名之，實以背絲扣代之。切望練斯拳者，要以斯圖爲必有事，方能尋着太極拳之真門逕，準可造出太極拳之真鉛汞。由是循序漸進，則庶乎其不差矣。

金剛搗碓

(1)

(2)

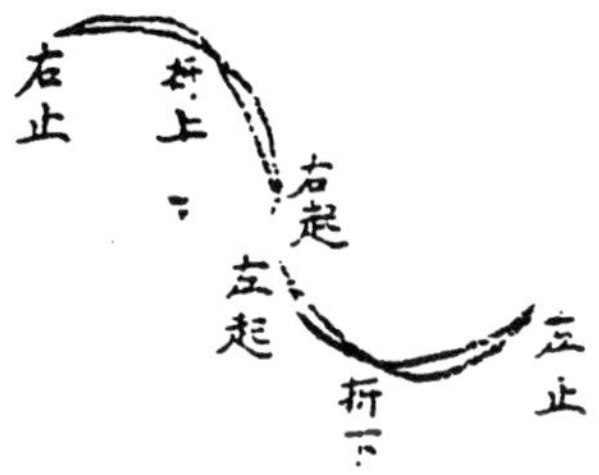


(3)

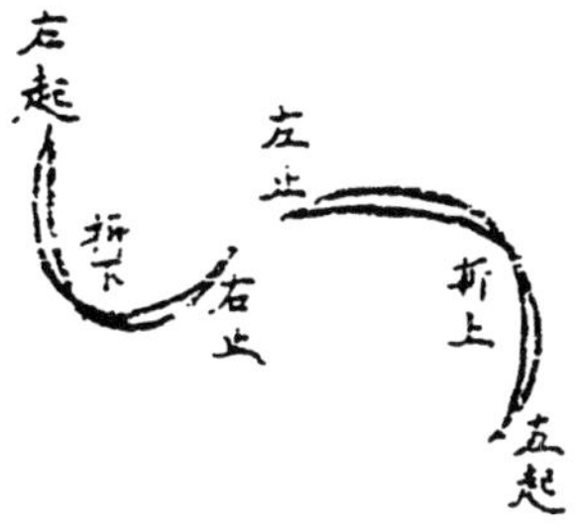


(4)

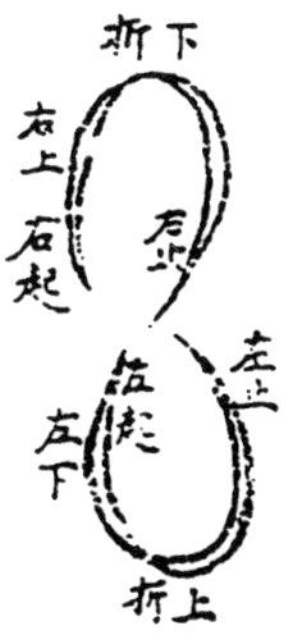

懶擦衣

單鞭(1)

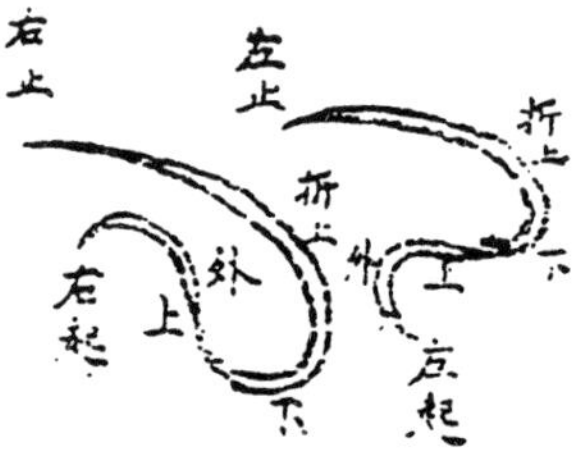


(2)

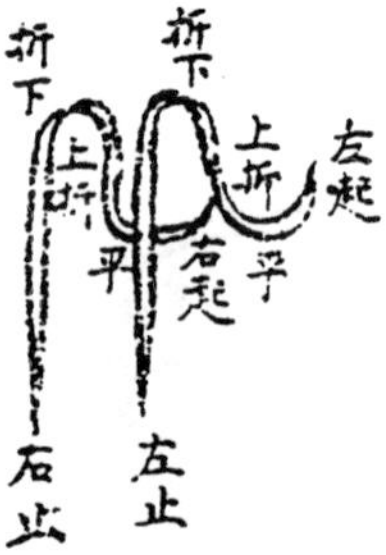


(3)

變金剛搗碓(1)

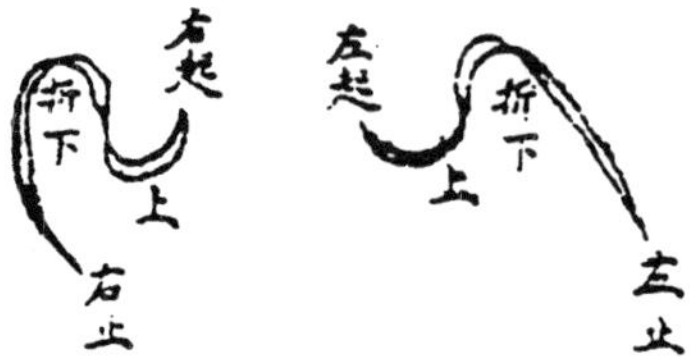


(2)

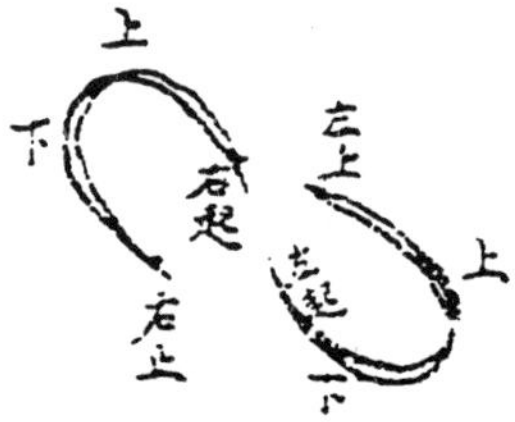


(3)

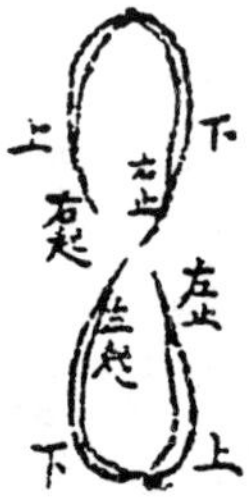


白鵝亮翅

摟膝拗步

(1)

(2)

(3)

(4)

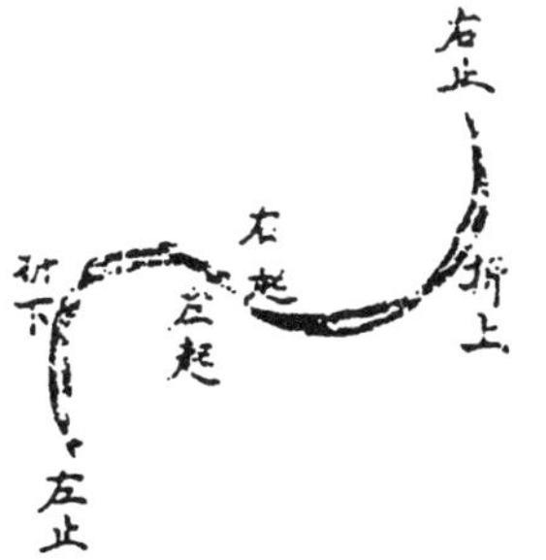


斜行拗步

(1)

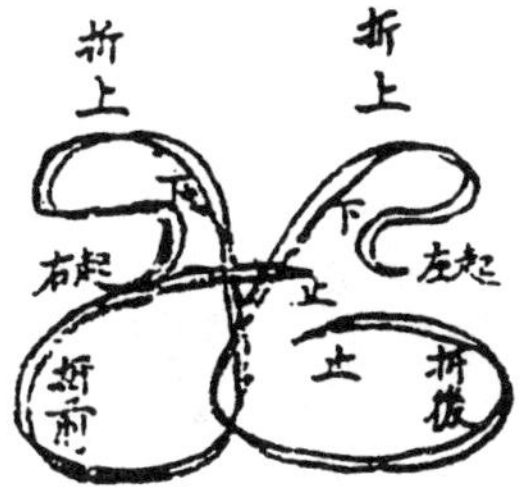


(2)

(3)

建前堂

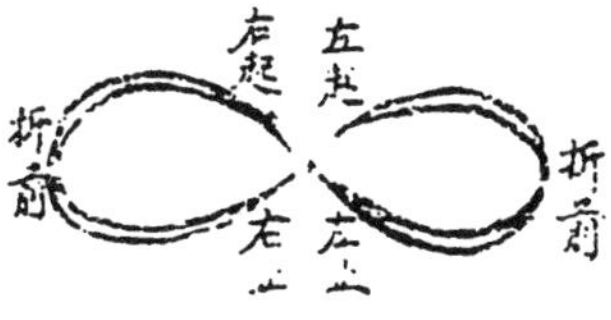

披身捶

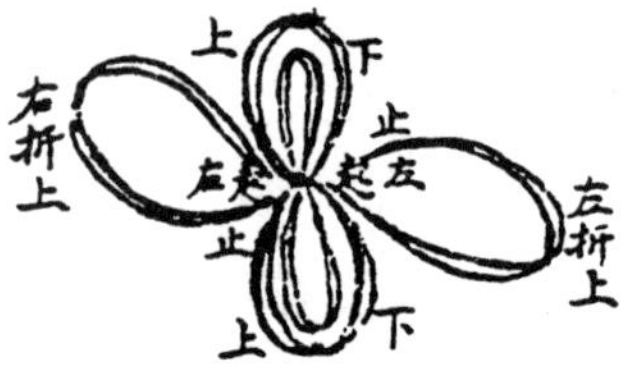


合手

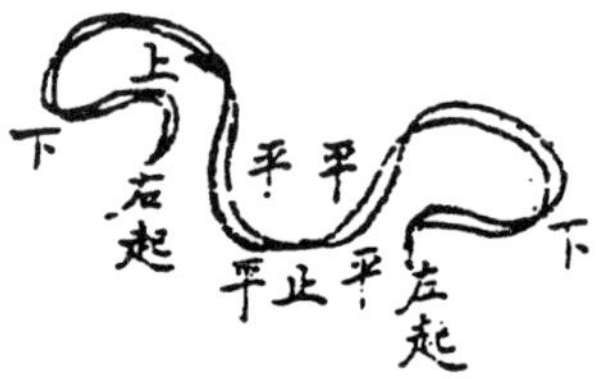


出手

肘底看拳(1)

肘底看拳(2)

倒捲肱(1)

(2)

白鵝亮翅

摟膝拗步

(1)

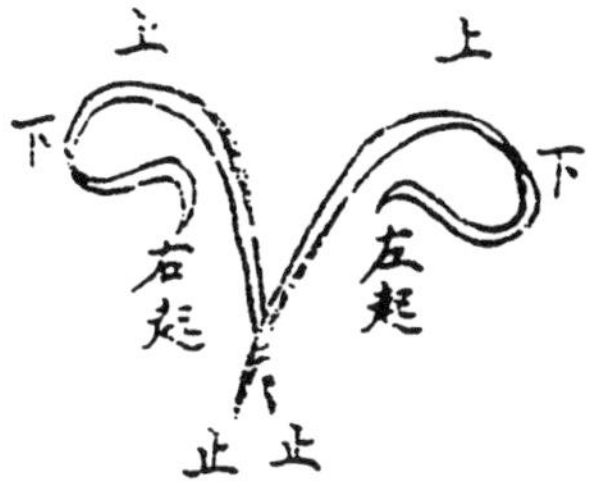


(2)

閃通背

(1)

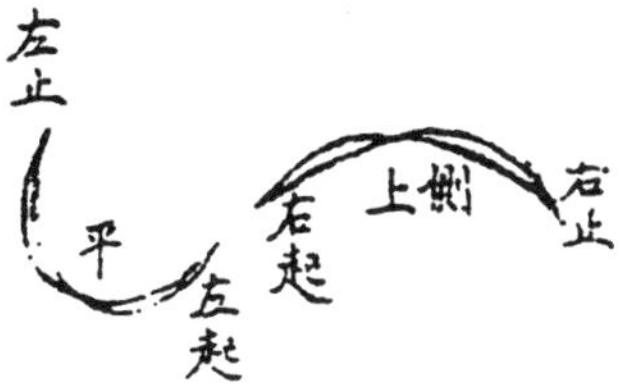


(2)

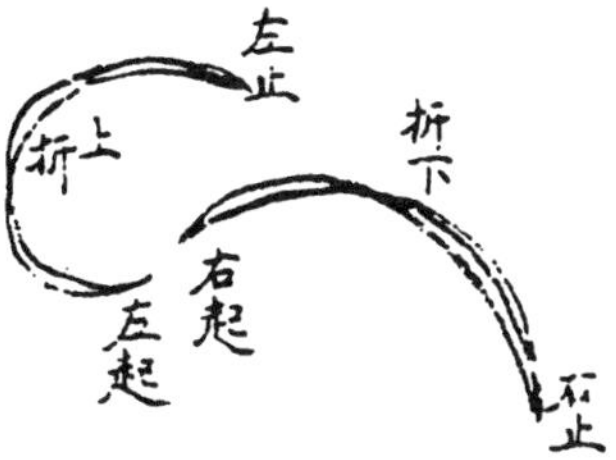


(3)

(4)

(5)

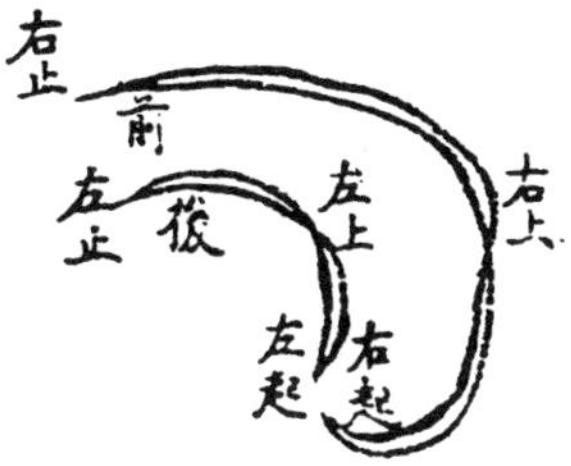


單鞭

(1)

(2)

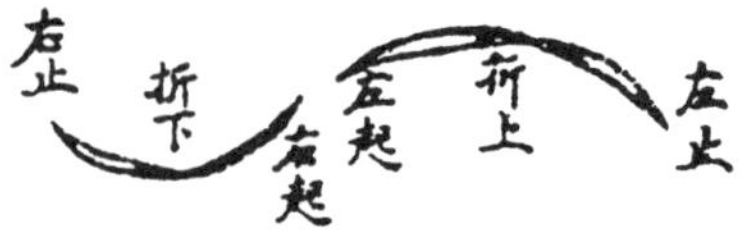


雲手

(1)

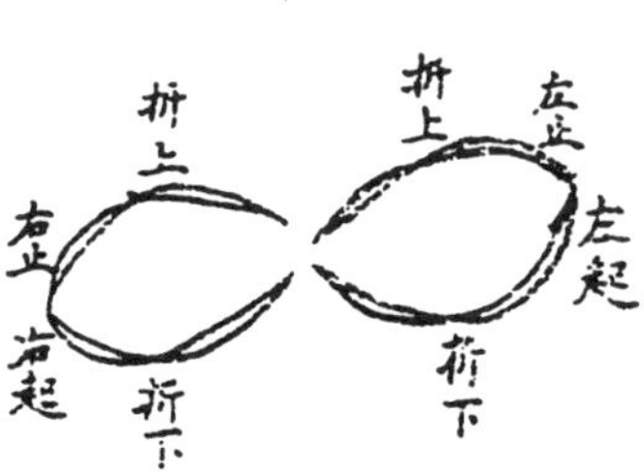


(2)

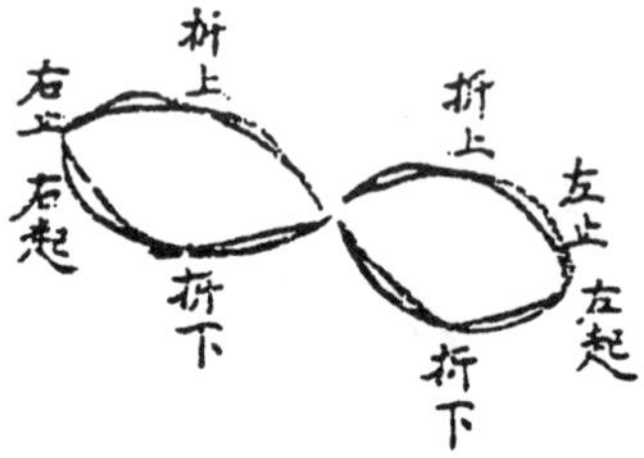


高探馬

右側脚

(1)

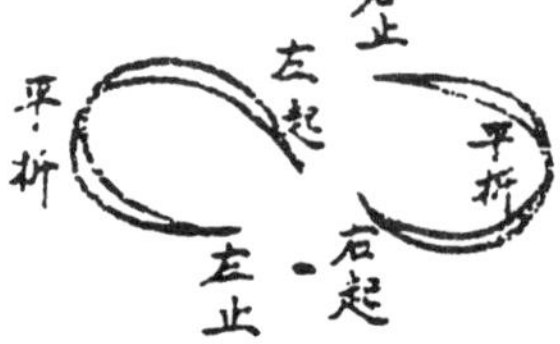


(2)

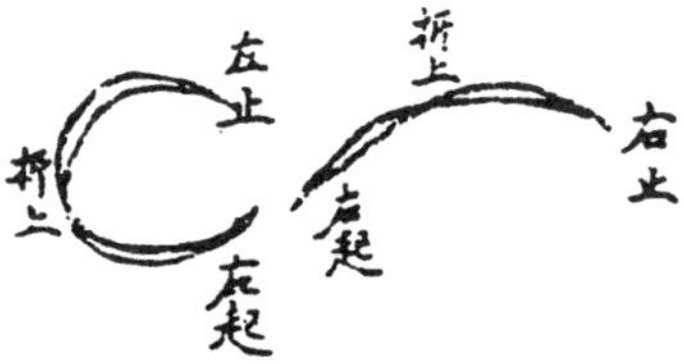


左側脚

(1)

(2)

懷中抱月

蹬根

青龍擊水(1)

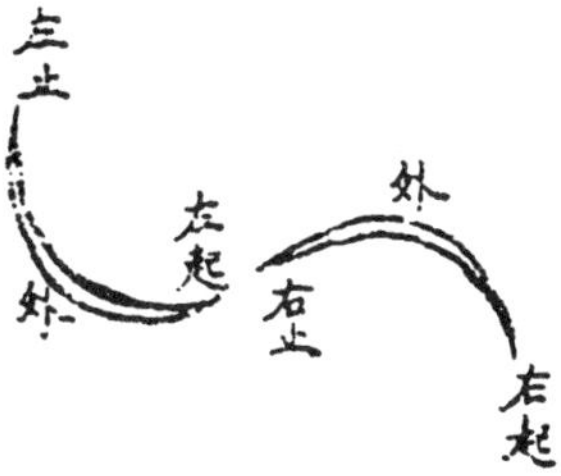

(2)

二起(1)

(2)

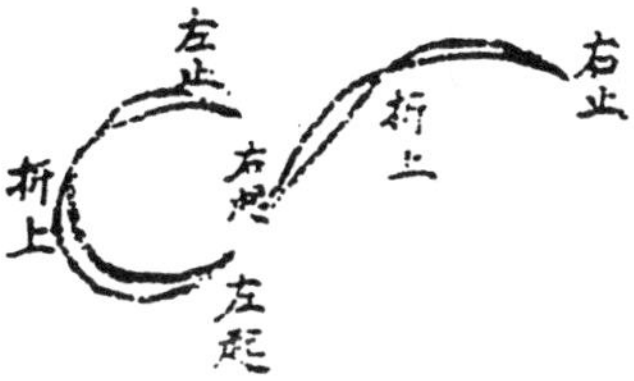

抱膝

踢一脚

蹬一根

前照

掩手捶

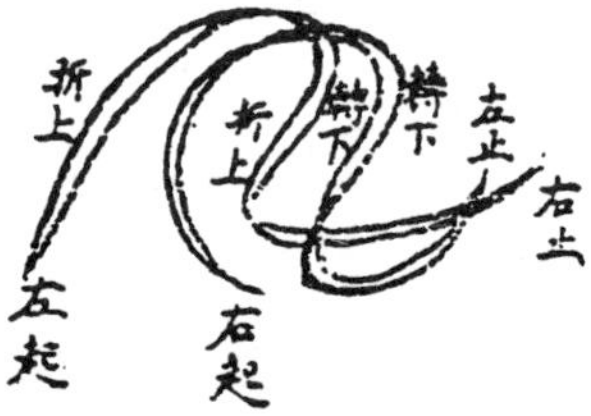


後照

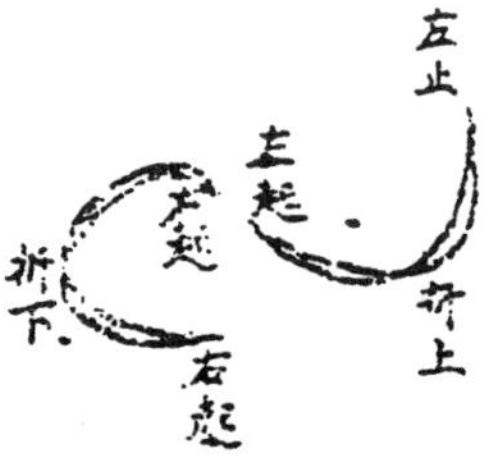


抱頭推山

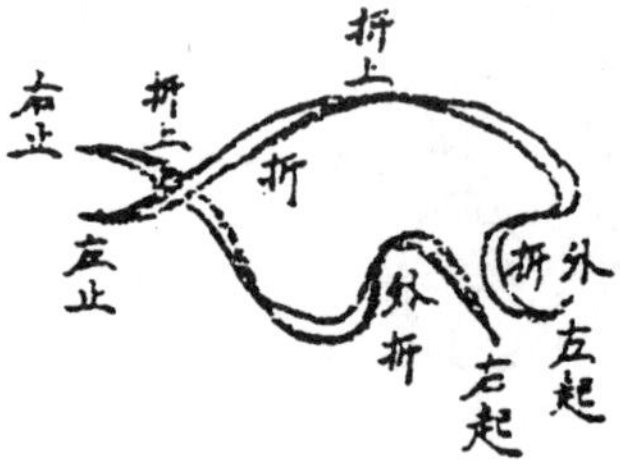


勒馬勢

單鞭

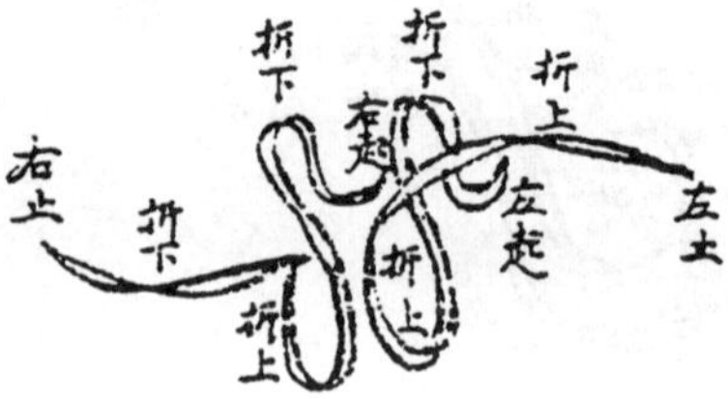


野馬分鬃(1)

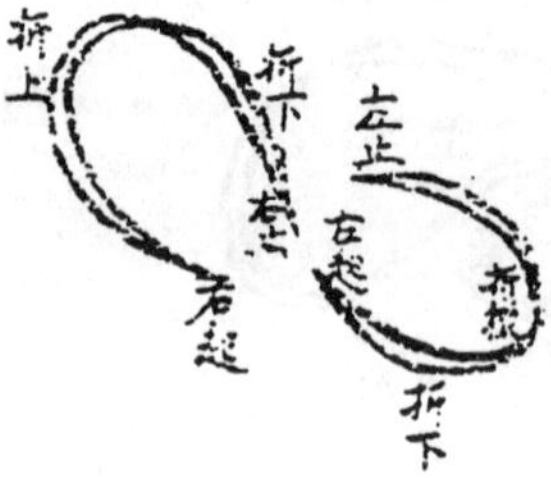

(2)

單鞭

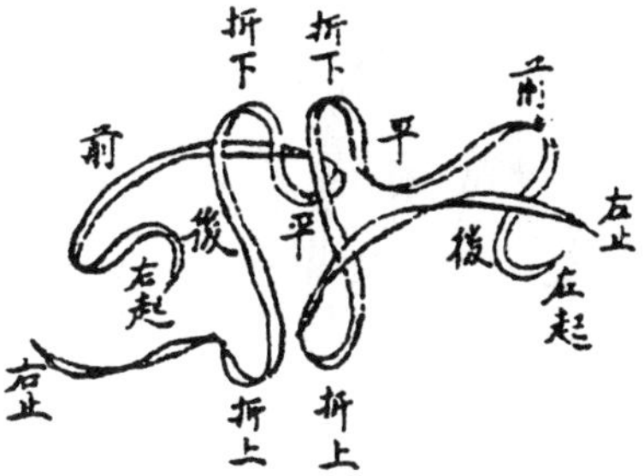


探馬勢

雲手

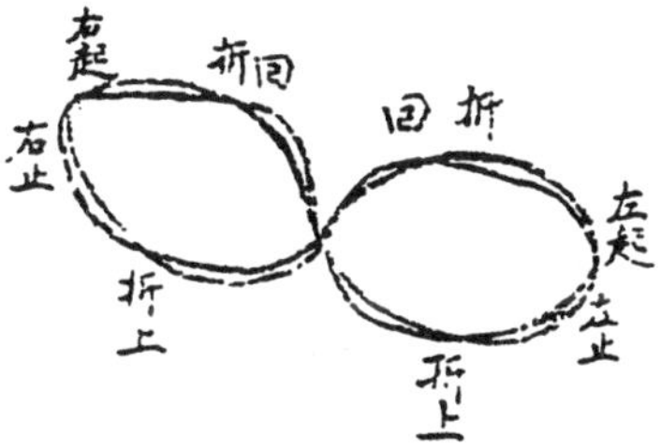


玉女躥梭

跌叉

背折靠

更鷄獨立

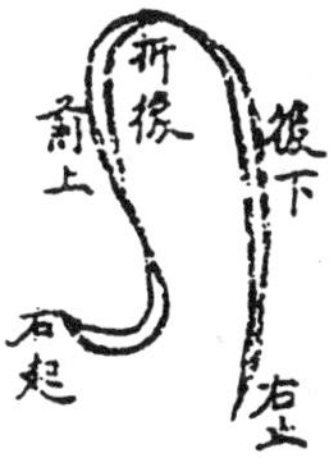

朝天蹬

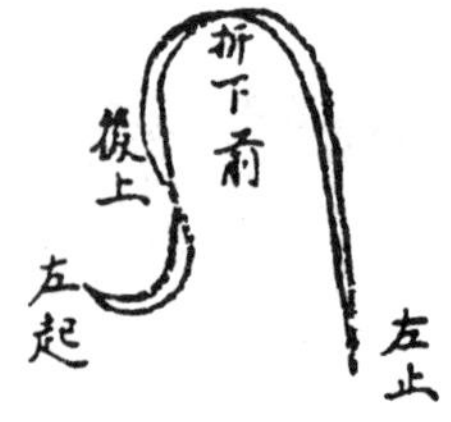


(2)

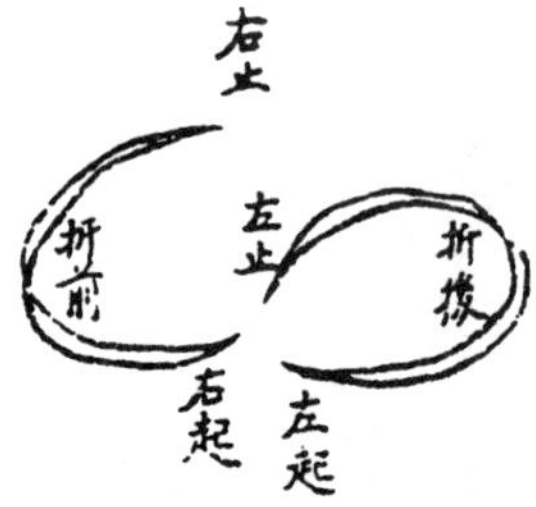


倒捲肱

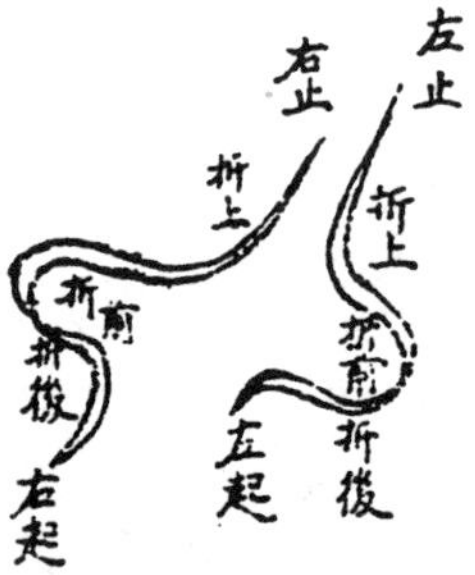


閃通背(1)

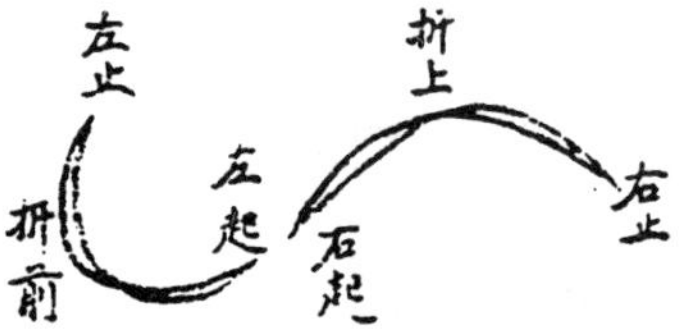


白鵝亮翅

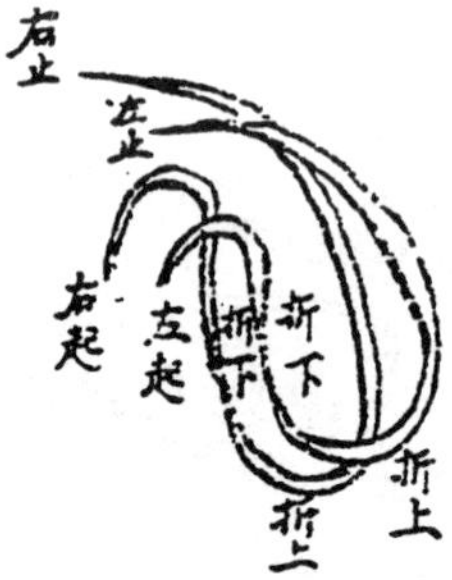


(2)

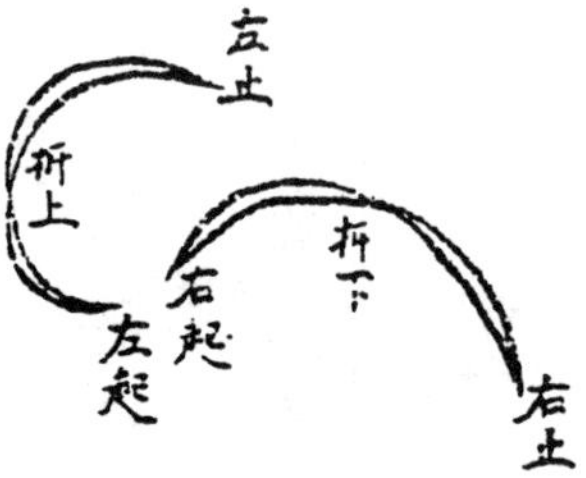


摟膝拗步(1)

(3)

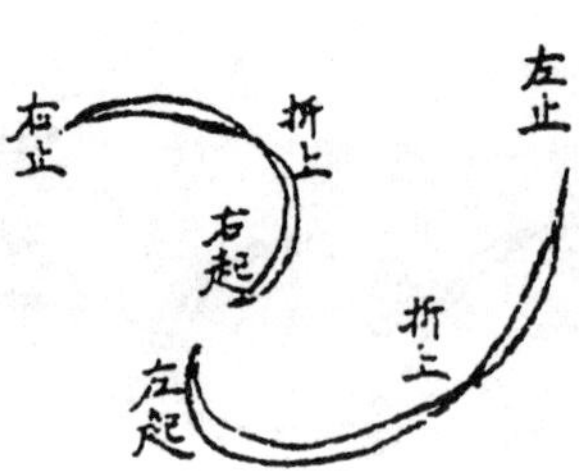

(4)

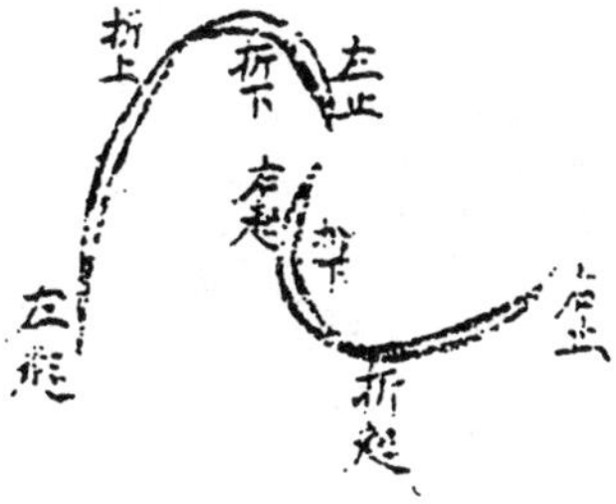


(5)

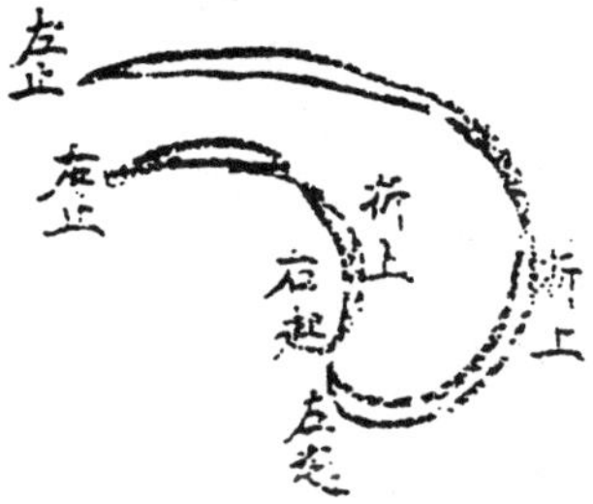


單鞭(1)

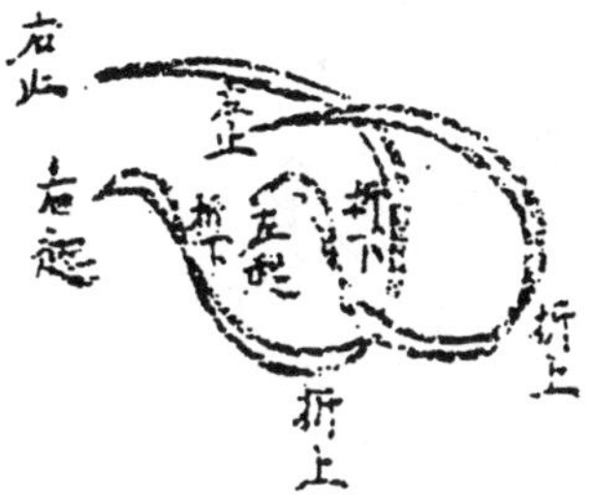


(2)

雲手

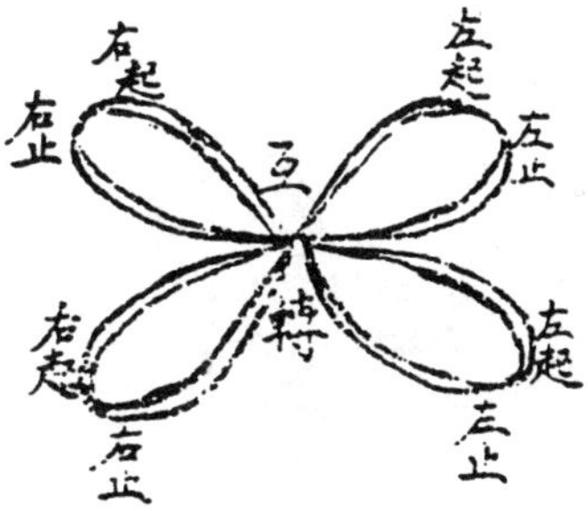


變高探馬

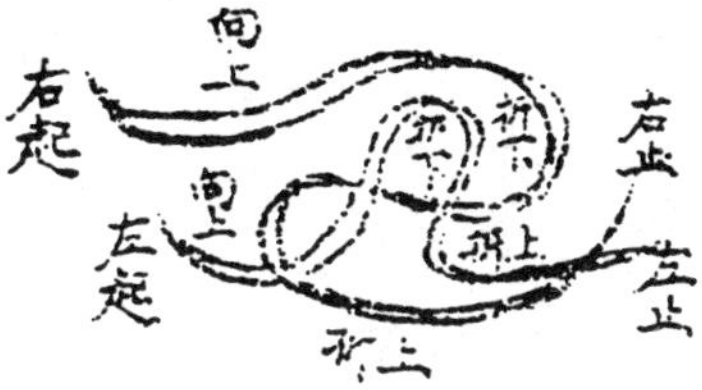


十字腳

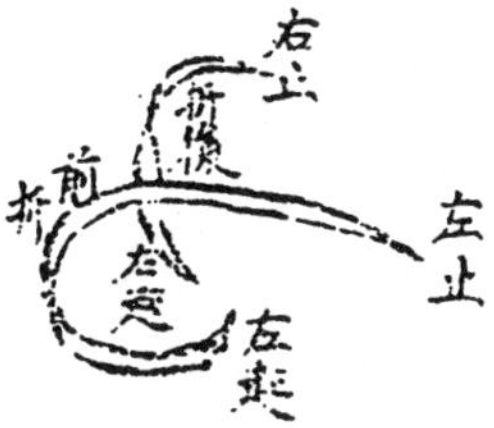


單擺腳

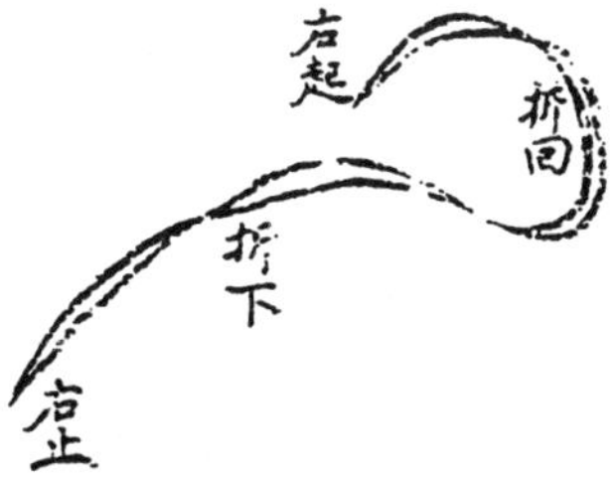

指襠捶

挽七星

金剛搗碓

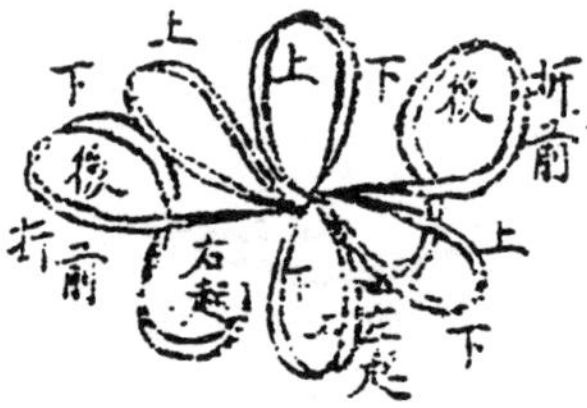


回頭探花
(1)

懶擦衣

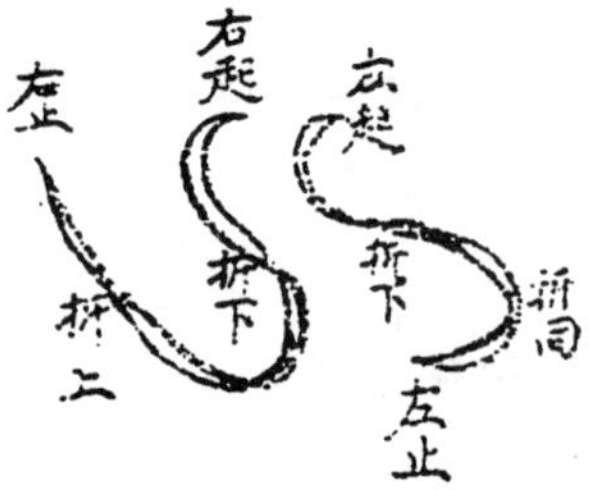


(2)

鋪地錦

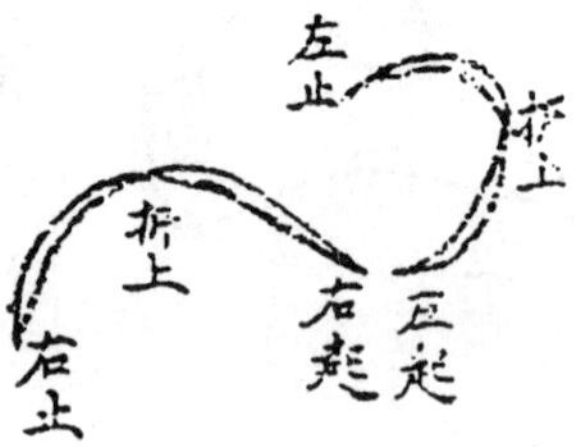


折花聞香

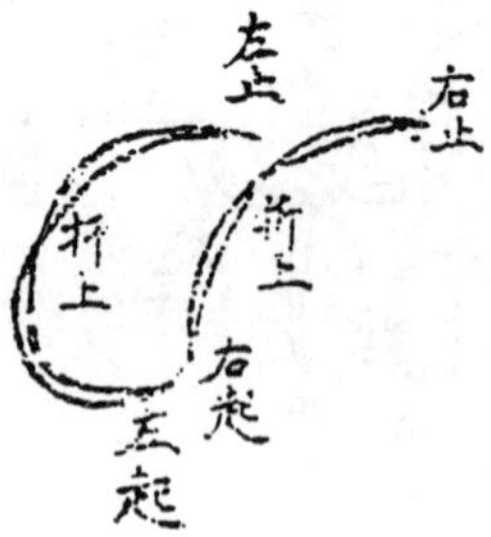

單鞭

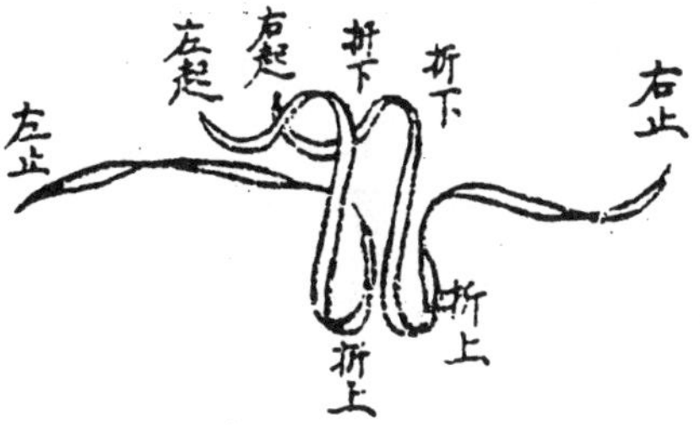


雙擺脚

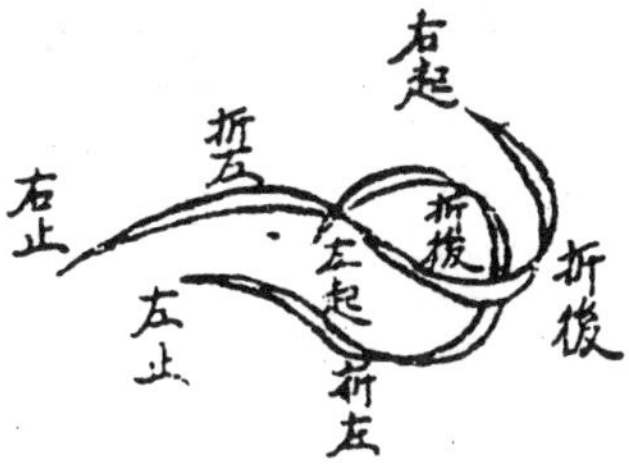


鋪地錦

當頭炮

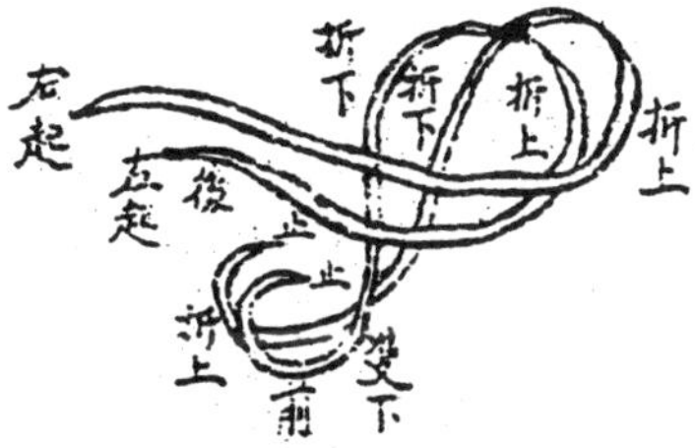


上步七星

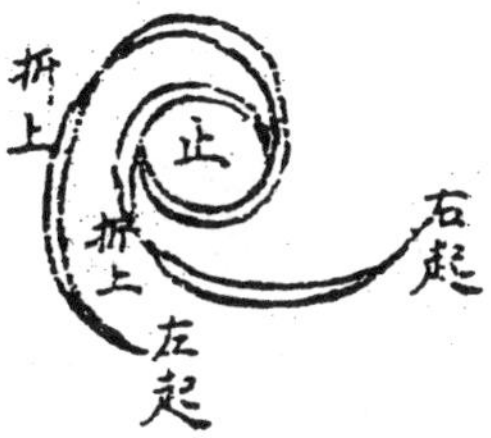


還原

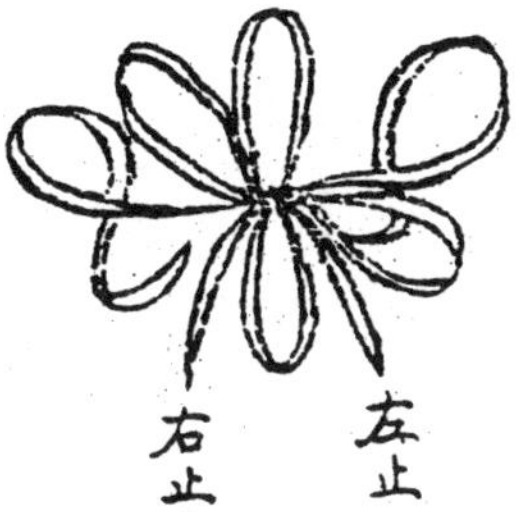


卸步挎弧

太極拳啓蒙練法四則

(一)動作

上下前後左右往來爲動作。

(二)變化

自無而有自有而無爲變化。

(三)姿勢

動作變化擺成架勢爲姿勢。

(四)方向

立定位置不復挪移爲方向。

此層各聯，即太極拳之本體。其後七層，方歸諸用。每層之用，載在總圖歌內。可謂一層深一層，層深無底，一層容一層，層容無縫。現在欲按層集成卷冊，盡述所學，付之印刷，供獻當世。帷望海內同志有能切指其疵、切指其謬，以補余述之不逮，方稱盡美。誠余之所厚幸也，又余之所厚望也。學斯層者要注意于此四則。此四則練成一律，而後才能漸進于一圖即太極，以歸諸用。故特爲志之。

## 太極拳啓蒙卷首

### 聯 即無極

### 金剛搗碓

總解　開始站時如齊，必須兩脚寬窄與兩膀相等，尤須中正，不偏不倚，穩如山固，立如杆直。左脚不動，其距離以右脚規定之。至于兩手，從兩大腿外，微向後側面一去，虎口朝前，一齊合于兩大腿之前側面。其動作要直、要順、要合、要大小節俱活，要切忌不犯撇停流水爲上爲貴，方爲合格。其要旨以敬静爲主。

方向

向南直立

姿勢

開始姿勢，從頭數到脚，是取本體上下順序之意。

一頭　頭宜直竪。

二眼　眼宜平視。

三身　身宜端莊。

四膀　膀宜鬆平。

五肘　肘宜微曲。

六手　兩手下垂虎口朝前。

七胯　兩胯爲天機，貴于鬆活。

八膝　兩膝微曲，俱向裏扣。

九脚　兩脚朝前順正，脚趾抓地，脚後跟踏緊。

(1)　動作

要旨　兩手順腿上至心平，合于胸前，與心口齊。

註解　『兩手順腿上至心平』，兩手指展開，順腿外向前抬起，虎口朝上，舉至心齊，『合于胸前』，雙手朝前往裏合，手臂朝上，『與心口齊』，兩手向裏合，至手指結住，令當中成一空圓形，切勿照所畫之圖貼在身上。

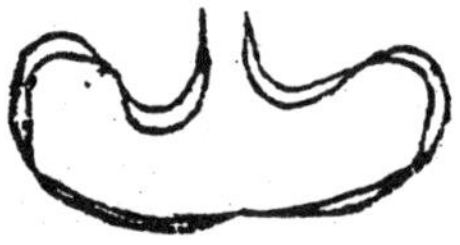

變化

姿勢

動作姿勢，從手腳并說是取本體往來致用之意。

一手　兩手臂朝上合與心齊，結成空圓形。

二肘　兩肘平曲，合于胸前。

三膀　兩膀平鬆，勿架。　四頭　頭仍直豎。

五眼　眼仍平視。　六身　身勿前俯。

七腳　腳仍朝前，左右踏齊。　八膝　膝仍微曲。

九胯　胯略向下蹲。

方向　面向正南

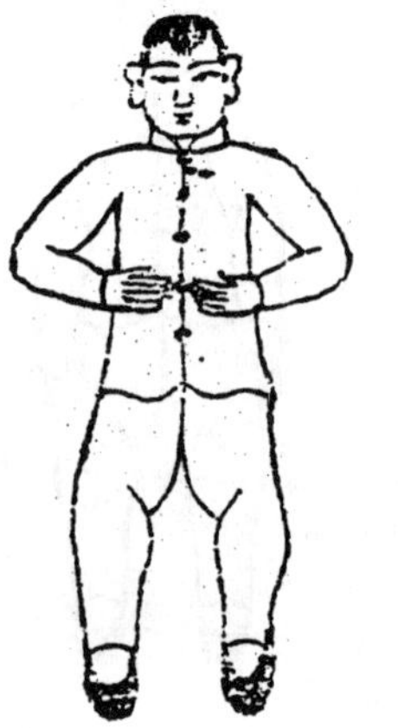

(2) 動作

要旨　動左手，上左腳，右手亦隨之動。

註解　『動左手，上左腳』，左手向右注上抬起，左腳亦抬起，左手左腳順左斜下展開。『右手亦隨之動』，左手掌朝下，右手掌朝裏，右膝攻起，左膝展直，腳尖蹺起。

變化

姿勢

一手　左手向左，下至左膝外，右手向右，上至眼齊。　二肘　右肘曲，左肘微曲。

三胯　左胯下鬆，右胯上鬆。

四頭　頭微向右側。

方向　面向西南

五眼　神注右手梢。

六身　身椿向右側，上下斜照。

七腳　左腳向左斜蹬去，腳尖蹺起，右腳不動。　八膝　左伸右曲。

九胯　兩胯下坐，左虛右實。

（3）

**動作**

要旨　動右手，上右脚，左手亦隨之動。

註解　『動右手，上右脚』，右手往右上起，下到右膝時右手右脚一齊往前上。『左手亦隨之動』，左手動，左脚不動，要用意教他暗動，以後如此勢狠多，俱要暗動。

**變化**

**方向**

面向正南

**姿勢**

一手　右手往右下向前去，至右大腿外，左手從左下方上，起至胸前。

二肘　左肘曲，右肘微曲。

三膀　左膀平鬆，右膀下鬆。

四頭　移向正前。

五眼　神注左手梢。

六身　身樁直竪。

七脚　兩脚移向正前。

八膝　雙膝微曲。

九胯　兩胯略蹲。

(4) 動作

要旨　兩脚站齊，同時右手舉起，右脚抬起，左手落下，雙手合于胸前。

註解　『兩脚站齊，同時右手舉起，右脚抬起，左手落下』，右手右脚抬起時，右手握拳前衝上起，左手從上下降。『雙手合于胸前』，右手下落，左手上就，一齊向心前合住。

變化

方向

面向正南

姿勢

一手　雙手合于心口，右手握拳，左手抱攏。　二肘　兩肘皆曲，下沉，成平面空圓形。　三膀　兩膀平鬆。

四頭　直竪，頷向上微仰。

五眼　神注兩手。　六身　身樁直竪。

七脚　兩脚與身相等，俱順朝前。

八膝　兩膝微曲，小腿竪直。

九胯　兩胯微蹲，俱向裏合。

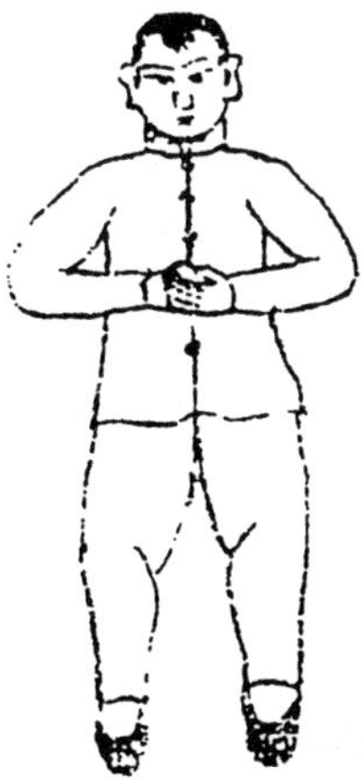

懶擦衣　動作

要旨　先卸左手左腳，再上右手右腳。

註解　『先卸左手左腳』，左手順勢朝下往左去，手臂朝前，右手隨之，左手至膝外，右手至襠中，左腳亦順手往左去，　左膝攻起。『再上右手右腳』，　右手向上往右去，手掌朝前微側，右胯平鬆，肘微曲，右腳亦隨手往右去，右膝攻起，左膝展開，左腳不動，左手回至左肋，置于其中。

變化

方向

面向正南

姿勢

一手　右手梢與眼角齊，左手置于肋間。

二肘　左肘曲，右肘微曲。

三膀　右膀前鬆，左膀向裏下鬆。

四頭　微向右側。

五眼　神注右手梢。

六身　向右方扶直。

七腳　兩腳俱向右斜。

八膝　右膝曲住，左膝伸直。

九胯　右胯坐下，左胯壓下。

單鞭(1)　動作

要旨　兩手往前合，左腳前跟，腳掌點地。

註解　『兩手往前合』，兩手就上勢朝前去，往上轉下，往外，向左去，復從左往上往裏向右去，兩手合于右上方。『左腳前跟，腳掌點地』，左手往右去時，左腳隨之往右去，至右方腳掌點地，以助右方之不及，是實中帶虛。

變化

方向

面向南方

姿勢

一手　兩手左回右上，右手上與眼角齊，左手微低。

二肘　左回右上，兩肘俱曲。

三膀　左回兩膀下鬆，右上兩膀前鬆。

四頭　微向右側。

五眼　左回右上，神注兩手梢。

六身　上下扶照，微向右側。

七腳　左回右腳跟着地，右上左腳掌着地。

八膝　兩膝微曲。

九胯　兩胯微向下蹲。

(2)

動作

要旨　兩手往右下合，身往下蹲，至大腿平與膝齊。

註解　『兩手往右下合』，兩手從右方下至膝齊，左手在右膝裏，右手在右膝外。兩相合住。『身往下蹲』，胯與膝齊，向下曲，以大腿平爲度。『至大腿平與膝齊』，身蹲至大腿平，令手與膝齊，左虛脚踏實。

變化

方向

面向南方

姿勢

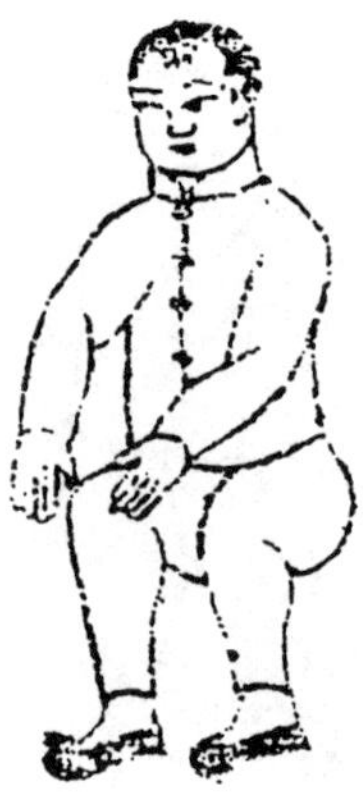

一手　雙手下至膝齊。　二肘　兩肘微曲。

三胯　左右胯下鬆，皆向裏合。

四頭　微向右側。　五眼　神注兩手梢。

六身　身往下蹲，將樁扶正。

七脚　兩脚俱朝右側，左脚落實，右脚移向前。　八膝　膝曲至大腿平，膝蓋前攻。

九胯　兩胯下蹲，勿蹲過膝下。

(3) 動作

要旨　兩手上去，上至膀齊，分開，左手向上左展，右手向下右展，雙肘微曲。

註解　『兩手上去，上至膀齊』，兩手往上去，身樁往下就。『分開，左手向上左展，右手向下右展』，左手從面前往上向左展開，右手從右方往下向右展開。『雙肘微曲』，左手上蹺，右手下按，全在曲肘聚氣。

變化

方向

面向正南

姿勢

一手　兩手上至右膀齊，左手上蹺，右手下按，拉開右手成撐。

二肘　兩肘微曲。　三膀　兩膀鬆開。

四頭　微向左側。　五眼　神注左手梢。

六身　身樁沉于左方，注意豎直。

七腳　兩腳俱朝左側。

八膝　左膝曲，右膝展。

九胯　左胯下坐，右胯下沉。

變金剛搗碓(1) 動作變化

要旨 就上式，左右手往下往後，復往前合，兩脚隨之。

註解 『左右手往上往後』，左右手向上往後折，手掌朝上。『復往前合』，左右手乘後折，即向上往前去，手臂朝上。『兩脚隨之』，左右手朝後折，兩脚向外移，左右往前去，兩脚向裏回，務要雙脚跟踏實。

姿勢

一手 左右手後折，手掌朝上，前合，手臂朝上。

二肘 右肘曲，左肘微曲。

三膀 兩膀前鬆。 四頭 微向左側。

方向 面向正南

五眼 神注兩手梢。

六身 向右側微沉，椿要豎直。

七脚 兩脚隨身先外移，後裏回，脚跟踏實。

八膝 右膝曲，左膝伸。 九胯 兩胯下墜。

(2) 動作

要旨　右手上去，左手下去，左腳斜蹬，再右手下去，左手上去，右腳前上。

註解　『右手上去』，右手往右上方去，手掌側向裏。『左手下去』，左手往左下方去，手掌側朝裏。『左腳斜蹬』，左腳向左方插，斜蹬去。『再右手下去』，右手下至腿外。『左手上去』，上至胸前。『右腳前上』，上至寬窄與身相等。

變化

方向

面向正南

姿勢

一手　右手下至大腿外，左手上至心口齊。

二肘　左肘曲，右肘微曲。

三膀　左膀平鬆，右膀下鬆。

四頭　向前直豎。

五眼　神注左手梢。

六身　卓然直立，不俯不仰。

七腳　兩腳并齊，其距離與身寬窄相等。

八膝　雙膝微曲。

九胯　兩胯微下蹲。

(3)

動作

要旨　由兩脚站齊，右手右脚同時舉起，右手上起，左手下落，左手抱右手，合于胸前。

註解『右手右脚同時舉起』，右手沿路握拳。『右手上起，左手下落』，右手由外上起，左手由裏下落。『左手抱右手，合于胸前』，左手從外上就，右手從裏下降，一氣合住。

變化

方向

面向正南

姿勢

一手　兩手合于心口，右拳左掌，中空外實。

二肘　兩肘皆曲。

三膀　兩膀前鬆，左右相平。

四頭　竪直，頷向上，微仰。

五眼　神注兩手，向前平視。

六身　身樁直竪。

七脚　順直朝前，脚趾與脚掌用力。

八膝　兩膝前攻帶曲，同注裏合。

九胯　兩胯略向下蹲，亦向裏合。

白鵝亮翅　動作

要旨　卸左手左脚，跟右手右脚，右脚掌點地，上右手右脚，跟左手左脚，左脚掌點地。

註解　『卸左手左脚』，均注下向左去。『跟右手右脚』，均隨左手左脚向左下。『右脚掌點地』，實中藏虛。『上右手右脚』，均向上注右去。『跟左手左脚』，均隨右手右脚注右上，至右手與眼角齊，左手微低，合于右上方。『左脚掌點地』，以虛助實。

變化

姿勢

一手　兩手左下，左手在左膝外，右手置襠中，兩手右上，右手與眼角齊，左手微低。

二肘　左下右上，兩肘俱曲。　三膀　左右各鬆。

四頭　左下左側，右上右側，皆宜豎直。

方向

面向正東

五眼　神注右手梢。

六身　左下右上，皆要扶直。

七脚　左下右虛，右上左虛。

八膝　左下雙膝俱曲，右上雙膝微曲。

九胯　左下坐，右上伸。

摟膝拗步(1) 動作 變化

要旨 兩手分開，順右膝按下至右大腿平，掌與膝齊，左足跟蹬至左方，右胯坐實。

註解 『兩手分開』，由上左右分。『順右膝按下至大腿平』，由分而合按至掌與膝齊，左手壓于右手之上，均在膝際。『左脚跟蹬至左方』，左脚趾微向左側，身向下蹲。『右胯坐實』，支持全身。

姿勢

一手 兩手分開下按，成交叉勢，手臂朝上。

二肘 右肘曲，左肘微曲。

三膀 兩膀下鬆。 四頭 頭直，微下俯。

五眼 神注右方兩手梢。

方向 面向正東

六身 身樁豎直。

七脚 右脚踏實，左脚虛承，趾略上蹺。

八膝 右膝曲住，左膝伸直。

九胯 右胯坐實，左胯虛含。

(2) 動作

要旨　雙手橫分，右膝展開，左膝曲住，同時左右手均拉至左右膝外，左手往後，右手來前。

註解　『雙手橫分』，左手往左去，右手往右去。『右膝展開，左膝曲住』，是與手同時驀到左方。『左右手均拉至左右膝外』，左手隨左走，右手隨右走。『左手往後，右手來前』，左手順膝摟至背後，右手順膝上起轉到面前。

變化

方向

面向正東

姿勢

一手　右手在前，遙與鼻準相照，左手伏後，近給脊骨相對。　二肘　右肘前曲，左肘後曲。

三膀　右膀勿往前貪，左膀勿向後擘。

四頭　直立，不俯不仰。　五眼　神注右手梢。

六身　身樁站正勿扭。

七腳　左腳向左斜，右腳隨之。

八膝　左膝攻足，右膝繃展。

九胯　兩胯下坐。

(3)動作

要旨　右手右脚往後卸半步，左手左脚向回提半步，脚掌點地。

註解　『右手右脚往後卸半步』，右手右脚往外向下朝襠中卸回，往後踏半步。『左手左脚向回提半步』，左手左脚朝裏向上，照左方往回提半步。『脚掌點地』，虛中含實。

變化

方向　面向東南

姿勢

一手　右手卸至右肋間，左手提到左膝上。

二肘　兩肘皆曲，左手離膝高，右手離肋近。

三膀　左膀平鬆，右膀下鬆。

四頭　微向左側。　五眼　神注左手梢。

六身　身樁上下斜照。　七脚　虛與實順。

八膝　右膝實曲，左膝虛曲。

九胯　右胯坐實，左胯虛提。

(4) 動作

要旨　偏左上左手左腳，跟右手右腳，右腳稍後，左腳稍前。

註解　『偏左上左手左腳』，左手左腳向左斜上。『跟右手右腳』，右手右腳隨左邊亦向左斜上，左手下落左腿外，右手上至右眼齊。『右腳稍後，左腳稍前』，兩腳前後并立。

變化

姿勢

一手　左手貼左腿外，右手置右眼前。

二肘　右肘曲，左肘微曲。

三膀　右膀前鬆，左膀下鬆。

方向　面向東南

四頭　微向左側。　五眼　神注右手梢。

六身　身樁斜直，上下相照。

七腳　左腳在前，右腳跟至左腳一半中。

八膝　兩膝微曲。　九胯　兩胯略往下蹲。

斜行拗步(1) 動作

要旨 雙手分開，交叉按下，左脚斜蹬横分，左蹬右曲，左曲右展，同時兩手均斜扯至兩膝外，左手斜向後，右手斜向前。

註解 『雙手分開，交叉按下』，雙手從上分開，左手在上，右手在下，交叉合住，按于右膝上。『左脚斜蹬横分，左蹬右曲，左曲右展』，先左脚蹬開，右膝曲住，右膝展開，左膝曲住。『同時兩手均斜扯至兩膝外』，左手隨左斜去，右手隨右斜去。『左手斜向後，右手斜向前』，左手順膝斜摟至背後，右手順膝斜上至面前。

變化

方向 面向東南

姿勢

一手 右手在前斜與鼻準照，左手在後斜與脊骨照。二肘 右肘在前斜曲，左手在後斜應。三膀 左右膀前後鬆開。

四頭 斜直勿扭。五眼 神斜注右手梢。

六身 身樁斜直，上下斜照。

七脚 左脚斜，右脚隨之。

八膝 左膝斜攻，右膝斜展。

九胯 兩胯斜坐實。

(2)

動作

要旨　右手右脚往右卸，卸至左脚跟之側，左手左脚向前提，提至右脚前左側，左脚掌點地。

註解　『右手右脚往右卸，卸至左脚跟之側』，卸時往外向下，變爲照左脚跟卸，卸至左脚之側稍後。『左手左脚向前提，提至右脚前左側』，提時向裏往前，變爲照右脚前提，提至右脚前左側。『脚掌點地』，虛左以待。

變化

方向

面微向西南

姿勢

一手　右手斜卸右肋間，左手斜提左膝外。

二肘　右肘曲，左肘微曲。

三膀　左膀前鬆，右膀下鬆。

四頭　微向右側。

五眼　神注左手梢。

六身　身樁變正，微向左斜。

七脚　右脚順正，左脚掌虛點。

八膝　雙膝皆曲，微向左側。

九胯　兩胯下蹲。

(3) 動作

要旨　左手左腳偏左往前上，右手右腳連住隨之，亦偏左往前上。

註解『左手左腳偏左往前上』，左手臂朝上，偏左前上，左腳亦隨之偏左前上。『右手右腳連住隨之，亦偏左往前上』，右手掌朝上，指朝前，偏左前戳，右腳亦隨之，偏左往前上。

變化

姿勢

一手　左手臂朝上外下，右手掌朝上平戳。

二肘　左肘曲，右肘微曲。

三膀　左膀下鬆，右膀前鬆。

四頭　微向左側。　五眼　神注右手指頭。

方向　面向東南

六身　向左側斜直。

七腳　先上左腳，後上右腳，均偏左上。

八膝　左膝展，右膝微曲。

九胯　兩胯左外鬆前上，右裏鬆前上。

## 建前堂　動作

要旨　先左手向裏往前合，左腳隨之，次右手向裏往前合，右腳隨之。

註解『先左手向裏往前合』，左手由左往下往後往上朝前合。『左腳隨之』，左腳從左由外往上，朝前踏。『次右手向裏往前合』，右手由右往下往後往上，朝前合。『右腳隨之』，右腳從右往外往上，朝前踏，至左腳齊，右手握拳，左手環抱。

## 變化

方向　面向正南

## 姿勢

一手　先左手，次右手，合于胸前，左掌右拳。

二肘　左右肘皆平曲。

三膀　兩膀向前平鬆。

四頭　直立勿俯。

五眼　神注兩手，向前平視。

六身　身樁端正，不俯不仰。

七腳　先上左腳立定不動，次上右腳，比齊。

八膝　雙膝微曲。

九胯　兩胯微往下蹲。

披身捶 動作

要旨 雙手向外下至膝，復順膝握拳轉上，復下至膝，雙膝皆曲，順膝披開，左膝展，右膝曲，左捶置腰間，右捶置耳門關中。

註解 『雙手向外下至膝』，雙掌轉下。『復順膝握拳轉上』，變掌爲拳，上至心口。『復下至膝』，雙捶皆手臂朝前。『雙膝皆曲』，成騎馬勢。『順膝披開』，雙拳向左右分。『左膝展，右膝曲』，身隨斜向右方。『左捶置腰間』，左捶由前向下往回捲。『右捶置耳門關中』，右捶由後向上往前捲，眼顧左腳尖。

變化

方向

面向正南

姿勢

一手 雙手變掌下去，復變捶上來，復下披開，左捶置腰間，右捶置耳門關中。

二肘 兩肘皆曲，俱手臂朝前。

三膀 兩膀左亢右卑。

四頭 一直斜順。

五眼 神注左腳尖。

六身 身樁斜直勿彎。

七腳 兩腳俱朝右斜。

八膝 右膝曲，左膝繃展。

九胯 右胯下坐，左胯斜展。

合手 動作

要旨 上身設正，兩捶分開，往前合于胸前，腳亦裏合。

註解 『上身設正，兩捶分開』，上身從右設起，設到正中，同時兩捶往上向下至兩胯齊。『往前合于胸前』，兩捶從胯往前去，右仍拳，左變成掌，合于胸前。『腳亦裏合』，腳隨手移正，亦合于前。

變化

姿勢

一手 兩手合與心齊，右手仍拳，左拳變掌，如鞠躬致敬。

二肘 左右肘平曲。

三胯 兩胯前鬆。

四頭 頭豎端正。

方向

面向正南

五眼 向前平視，神注兩手。

六身 身樁扶正。

七腳 兩腳移正朝前，俱向裏合。

八膝 左右膝皆曲，向裏合。

九胯 兩胯坐實，亦向裏合。

出手　動作

要旨　分開往右，上右捶右腳，左手亦變成捶，與左腳緊跟，腳右實左虛。

註解　『分開往右，上右捶右腳』，右捶微向下向左上起，同腳一齊右上。『左手亦變成捶，與左腳緊跟』，左手變成捶，與左腳隨右捶右腳，一氣往右上。『腳右實左虛』，以助之。

變化

姿勢

一手　兩手握拳，俱虎口朝上往右上，遥與心對。

二肘　左右肘皆曲，皆偏向右。

三膀　兩膀平鬆下沉。

方向　面向南方

四頭　略向右側。　五眼　神注右拳頭。

六身　身樁直立，沉于右邊。

七腳　右腳踏實，左腳虛懸，腳掌下吃以助之。

八膝　兩膝俱曲。　九胯　左胯跟右胯，一是坐下。

肘底看拳　動作

要旨　雙拳雙脚轉往左去，右拳置于左肘之下，左脚掌點地。

註解『雙拳雙脚轉往左去』，去時左拳向上往左轉，轉至左方，左拳豎起。『右拳置于左肘之下』，右拳平旋至左方，收到肘底，以備下壓前上。『左脚掌點地』，左脚從右抬起，轉向左方，同時右脚就本地亦轉朝左方，左脚方落地。

變化

姿勢

一手　左豎之拳與鼻準照，右平之拳與肘底照。

二肘　左肘曲豎，右肘曲平。

三膀　左膀平鬆，右膀下鬆。

四頭　直豎。　五眼　神注左拳頭。

六身　身向右側直立。

七脚　右脚平踏，左脚掌着地，以虛待實。

八膝　雙膝俱曲。　九胯　右胯坐實，左胯虛含。

方向

面向正東

(2) 動作

要旨　即偏左上左拳左脚，再偏右上右拳右脚，右拳上時變成掌。

註解『即偏左上左拳左脚』，用左拳偏左上去，下壓，右拳朝右後拉。『再偏右上右拳右脚，右拳上時變成掌』，用右掌偏右上，右脚跟上去，使手臂按下，左手回摟。

變化

姿勢

一手　左拳用臂下壓，右拳變掌下按。

二肘　左肘向前下壓，右肘朝後抽回。

三膀　左膀下鬆，右膀前鬆。

方向　面向東北

四頭　微下俯。　五眼　左上神注左拳，右上神注右拳。　六身　身樁豎直，勿向前彎。　七脚　左右脚皆五趾先着地。

八膝　左上左曲，右上右曲。　九胯　兩胯互相坐。

倒捲肱(1)

動作

要旨　卸右手，右手倒往回捲，卸右腳，右腳倒往回踏。

註解　『卸右手，右手倒往回捲』，右手掌向後朝上往前按，按至襠中。『卸右腳』，右腳倒往回踏』，右腳朝裏過襠，往後向右回踏，腳尖先着地，規定其數四，左右各二，爲正式。

變化

方向

面微向東南

姿勢

一手　右手向右朝後倒捲往前按，掌心向下。

二肘　右肘曲，下按到襠微伸。

三膀　右膀向外往後，朝裏來前，俱鬆。

四頭　向右微俯。　五眼　神注右手梢。

六身　身椿微向右俯，腰不宜彎。

七腳　左腳平踏，右腳落時，五趾抓地。

八膝　左曲右伸。　九胯　左坐右鬆。

(2)

**動作**

要旨　卸左手，倒往回捲，手按至襠中，卸左脚，由襠過後，仍倒往前踏，其數雖四，却不必拘，變着時，必從左手做了。

註解　『卸左手，倒往回捲，手按至襠中』，左手掌向後朝上往前按。『卸左脚，由襠過後，仍倒往前踏』，左脚朝裏過襠，往後折上，倒回左前方踏下，脚五趾先着地。『其數雖四，却不必拘』，若下工夫不拘其數。『變着時，必從左手做了』，同右手齊往右上方提起。

**變化**

方向

面微向東北

**姿勢**

一手　左手朝後抬起，倒往前按，掌心向下。

二肘　左肘曲下按，微伸。

三胯　左胯後折回按，往來要鬆。

四頭　向左微俯。　五眼　神注左手梢。

六身　身椿腰不須彎，略向左斜，微俯。

七脚　右脚平踏，左脚倒落時，五趾先抓地。

八膝　右曲左伸。　九胯　右胯坐實，左胯虛鬆。

白鵝亮翅　動作

要旨　由右提至左手高，右手低，一齊下至左方，雙脚隨之，右脚虛點，即從左下方，雙手上至右上方合住，右高左微低，雙脚跟去，左脚虛點。

註解　『由右提至右手高，左手低，一齊下至左方』，兩手左下，右手在襠中，左手在膝外。『雙脚隨之，右脚虛點』，以脚掌着地助之。『即從左下方，雙手上至右上方合住，右高左微低』，從左上至右上方時，右手在前斜，高與眼齊，左手在後斜，低與心齊。『雙脚跟去』，左脚虛點，以助之。

變化　姿勢

一手　兩手左下，右手與襠齊，左手與膝齊，右上，右手與眼齊，左手與心齊。

二肘　左右肘交互相曲。　三膀　兩膀輪流相鬆。　四頭　左下左直，右上右直。

五眼　神注兩手梢。　六身　左下，身樁自左扶直，右上，身樁自右扶直。

七脚　兩脚互爲虛實相助。　八膝　左下雙膝俱曲，右上雙膝微曲。

九胯　左下坐，右微伸。

摟膝拗步(1) 動作 變化

要旨 兩手由上分開，交叉按于右膝上，左足橫蹬至左方。

註解 『兩手由上分開，交叉按于右膝上』，兩手起時，自上分，按時，至下合，皆順右膝，掌心向下按去。『左腳橫蹬至左方』，用腳跟朝地擦去，腳趾微向前斜。

方向 面向正東

姿勢

一手 兩手分開，交叉按下，合于膝上。

二肘 左右下曲。 三膀 兩膀向右前上鬆。 四頭 向右側，直豎微俯。

五眼 神注交叉兩手梢。

六身 身椿直立勿歪。

七腳 左腳橫蹬，虛擦，右腳踏實，支撐。

八膝 右膝平曲，左膝伸直。

九胯 右胯坐足，左胯虛承。

(2) 動作

要旨　雙手橫分，至左右膝外，左膝曲，右膝伸，左手向後去，右手朝前來。

註解　『雙手橫分，至左右膝外』，右手拉短，左手拉長，兩手短長相等，同時俱到。『左膝曲，右膝伸』，曲伸與手同動。『左手向後去，右手朝前來』，左手順膝後摟至脊中，右手順膝上轉回鼻前。

變化

姿勢

一手　右手與鼻準照，左手與脊骨照。

二肘　左肘後曲，右肘前曲。

三膀　兩膀端正，勿扭。　四頭　直立豎正。

五眼　神與右手指相應。

六身　身樁扶正。

七脚　左脚移向前斜踏，右脚隨之。

八膝　左膝曲平，右膝伸直。

九胯　右胯下坐，右胯下壓。

方向　面向正東

閃通背 (1) 動作 變化

要旨 由摟膝往前進，上右手右腳，跟左手左腳，左腳跟提起。

註解 『由摟膝往前進，上右手右腳』，右手右腳從外向上往前進，上至膀平。『跟左手左腳』，左手左腳，從下向裏朝右跟上，亦至膀平。『左腳跟提起』，左腳向右跟去，提至與右腳相近，腳趾與掌點地助之。

姿勢

一手 右手掌向前側，左手指向下捏撐。

二肘 右肘微曲，左肘曲平。 三膀 左右膀平鬆。 四頭 微向右側豎直。

方向 面向正北

五眼 神注右手梢。 六身 身樁豎直。

七腳 右腳朝前踏實，左腳跟虛提。

八膝 右膝曲，左膝亦曲。

九胯 右胯坐實，左胯虛提。

(2) 動作

要旨　卸左手左腳，撤右手右腳。

註解　『卸左手左腳』，左手左腳向上起，往後向下，落至大腿平，左手與膝齊。『撤右手右腳』，撤至右膝展直，至與地相近，右手在膝裏。

變化

姿勢

一手　左手落至左膝外，右手下至右膝裏，左手臂朝前，右手掌朝前。

二肘　左肘曲，右肘微曲。　三膀　兩膀下鬆。　四頭　向右微側。

方向　面向正北

五眼　神注右手梢。　六身　身樁豎直。

七腳　右腳蹺起，左腳抓地。

八膝　左膝攻至大腿平，右膝展直。

九胯　左胯坐實，右胯虛壓。

(3)

動作

要旨　上左手左腳，右手右腳隨之。

註解　『上左手左腳』，左手上，左腳跟去，左手自下前進上托，左腳自左由下前進踏地。『右手右腳隨之』，右手右腳隨左手左腳亦從下由本地移轉上托，轉至面向前，腳由本地踏實，雙膝左攻右微攻，成四六騎馬襠。

變化

姿勢

一手　兩手由下往前上托，兩掌朝裏相合。

二肘　左肘曲，右肘微曲。　三膀　兩膀上鬆。　四頭　頭直，微向上仰。

方向　面向正南

五眼　神注上方兩手梢。　六身　身椿直豎。　七腳　左腳微向外側，右腳仍順。

八膝　右膝曲，左膝略伸。

九胯　左右胯俱向下蹲，偏重右邊。

(4) 動作

要旨　朝後卸右手右腳，左手左腳隨右邊身往後下，鋪下。

註解　『朝後卸右手右腳』，右手與右腳，由前向右往下，朝後轉至右腳踏後。『左手左腳隨右邊身往後下，鋪下』，左腳不動，隨右腳後卸時，就勢一擰鋪下，左手隨右手下，至右手在右膝外，左手在左膝裏。

變化

方向　面向正北

姿勢

一手　左右手臂俱朝前向左斜。

二肘　右肘曲，左肘微曲。

三胯　左右胯俱向下鬆。

四頭　略向左側。

五眼　神注左手梢。

六身　身樁直立勿倒。

七腳　雙腳向裏側，左腳尖蹺起。

八膝　右膝曲足，左膝展直。

九胯　左胯坐下，右胯虛提。

(5) 動作

要旨　右手右脚向上注前推，合于右方，左手左脚隨之，成右攻勢。

註解　『右手右脚向上注前推，合于右方』，右手右脚由下注上前進，朝右前推，同左手略向下合于右方。『左手左脚隨之』，左手左脚由下注上朝右去，左手隨右手略向下推，合于右方，左脚隨右脚。『成右攻勢』，右膝曲住，左膝展開。

變化

方向

面向正南

姿勢

一手　兩手合前右方，右手略向下，左手遥與心應。　二肘　左肘曲，右肘微曲。

三膀　兩膀略向下鬆。　四頭　頭直，微向右側。　五眼　神注右手梢。

六身　身樁豎直右沉。

七脚　兩脚俱朝右側。

八膝　右膝曲住，左膝展開，右攻左蹬。

九胯　右胯坐下，左胯壓下。

單鞭(1) 動作

要旨 雙手從右上開下合，身往下蹲，下至大腿與膝平，兩手置于右膝之裏外。

註解 『雙手從右上開下合』，雙手就上分開，下至膝合住。『身往下蹲，下至大腿與膝平』，兩膝下曲，身不須俯。『兩手置于右膝裏外』，左在裏，右在外。

變化

方向

面微向西南

姿勢

一手 雙手下至膝之左右，手臂朝外。

二肘 兩肘皆曲，俱向裏彎。

三膀 兩膀俱往下鬆，均向裏合。

四頭 豎直微向右側。 五眼 神注右手梢。

六身 向右朝前豎直。 七脚 左虛脚踏實。

八膝 左右膝曲，至大腿平。

九胯 兩胯下蹲，蹲至大腿平。

(2) 動作

要旨　雙手上至膀齊，左右分開，右膝展，左膝曲。

註解　『雙手上至膀齊』，身往下就，手往上起，與兩膀平。『左右分開』，左手往左去成側掌，掌緣向前，右手往下向右去，朝下捏成撐，手心向下。『右膝展，左膝曲』，右膝由本地左伸，左膝邁曲。

變化

姿勢

一手　左手側掌，掌心向裏，右手捏撐，掌心向下。

二肘　兩肘微曲。　三膀　兩膀左右鬆。

四頭　豎直，微向左側。

五眼　神注左手梢。　六身　身樁扶正。

七腳　左腳邁至左方，與右腳皆順往左斜。

八膝　左膝曲，右膝伸。

九胯　左胯坐實，右胯壓住。

面向正南

雲手 (1) 動作

要旨 左腳跟左手往左去，左腳邁寬，左手低，右手收回丹田。

註解 『左腳跟左手往左去』，從單鞭收回丹田，由丹田向上往左去。『左腳邁寬』，左腳邁一寬步向左去，步寬身低，手自然低，左手因步邁寬做成低身。『右手收回丹田』，左手向左出去，左手收回，右手必然出去，是左右互行法。

變化

姿勢

方向
面向正南

一手 左手由左肋回至丹田，往左去，成時指與眉齊，右手收回，與丹田相照。

二肘 右肘曲，左肘微曲。 三膀 兩膀平鬆。

四頭 微向左側。 五眼 神注左手梢。

六身 偏左豎直。 七腳 左腳後跟虛，右腳踏實。 八膝 左膝攻起，右膝綳展。

九胯 左胯坐下，右胯壓下。

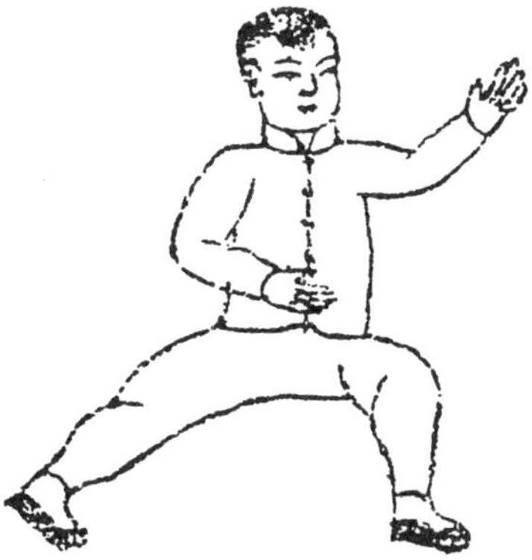

(2) 動作

要旨　右腳跟右手往右去，收寬邁窄，右手高，左手收回丹田。

註解　『右腳跟右手往右去』，由放撐收回丹田，由丹田向上往右去。『收寬邁窄』，右腳開窄步向右邁，步窄身高，手自然高。『右手高』，因步邁窄做成高身。『左手收回丹田』，右手出去，左往右來，右往左來，亦是互行法。

變化

姿勢

一手　右手由右肋往右去，指仍與眉齊，左手亦收與丹田相照。

二肘　左肘曲，右肘微曲。

三胯　兩胯平鬆。

四頭　微向右側。

五眼　神注右手梢。

六身　偏右豎直。

七腳　右腳後跟虛，左腳踏實。

八膝　右膝微攻，左膝仍綳展。

九胯　右胯略下坐，左胯微壓。

方向

面向正南

高探馬　動作

要旨　右手右腳前上後卸，左手隨之，復左手左腳回提前下，右手隨之，左腳跟虛提。

註解『右手右腳前上後卸，左手隨之』，右手右腳同向前去，朝右卸回，左手與之偕往。『復左手左腳前下回提，右手隨之』，左手左腳朝右向下往上，朝左提回，右手隨之不離。『左腳跟虛提』，腳掌點地，以虛待實。

變化

姿勢

一手　右手偏右，與鼻準照，左手偏左，與左膝照。　二肘　左右肘皆曲。

三膀　兩膀下鬆。　四頭　頭豎直，略向左俯。

方向　面向東方

五眼　神注兩手梢。　六身　身樁直立。

七腳　右腳朝前踏實，左腳掌點地。

八膝　左膝虛提，右膝實立。

九胯　右胯坐實，左胯虛提。

右側脚 (1) 動作

要旨 上左手左脚，再上右手右脚，左手左脚回卸，右手右脚回提，右脚掌點地。

註解 『上左手左脚』，左手左脚，從下向上往前上。『再上右手右脚』，右手右脚，從右向上往前上，上至左脚前。『左脚左手回卸』，左脚往後卸半步，左手卸至左肋。『右脚右手回提』，右脚往回提半步，右手提至心口。『右脚掌點地』，以虛詩實。

變化

姿勢

一手 右手提回心口，左手卸回肋際。

二肘 兩肘皆曲。 三膀 左右膀下鬆。

四頭 略向右側。

五眼 神注右手梢。 六身 身椿豎直偏左。

七脚 左脚踏實，右脚虛提。

八膝 左膝平曲，右膝虛曲。

九胯 左胯坐實，右胯虛提。

方向

面徽向東北

(2) 動作

要旨　右側脚，用雙手齊去打右脚，只用右手打住。

註解　『右側脚，用雙手齊去打右脚』，從右下左往上往前去打。『只用右手打住』，右手從上向前展出打住，左手自上下落，止于胸前。

變化

姿勢

一手　右手打脚面，左手留于心口。

二肘　左肘曲，右肘略曲。　三膀　兩膀平鬆。

四頭　頭向右側。　五眼　神注右脚尖。

六身　直立忌前俯。

七脚　左脚踏實，右脚踢起。

八膝　右膝展直，左膝微曲。

九胯　左胯略往下蹲，右胯鬆和上起。

方向

面向東方

左側腳（1）動作

要旨　上右手跟右腳，再上左手跟左腳，卸回右手右腳，即提左手左腳，左腳掌虛點。

註解　『上右手跟右腳』，從右側腳落地，右手從右往上前去，右腳亦隨右手往前去。『上左手跟左腳』，左手從左往上往前去，左腳亦隨左手往前去。『左腳掌虛點』，以備踢。

變化

姿勢

一手　右手卸至右肋，左手提回心口。

二肘　兩肘俱曲。

三膀　兩膀平鬆。

四頭　略向左側。

五眼　神注左手梢。

六身　偏右豎直。

七腳　右腳掌踏實，左腳掌虛提。

八膝　右膝平曲，左膝虛提。

九胯　右胯實，左胯虛。

方向

面微向東南

## (2)

**動作**

要旨　左側脚，用雙手打左脚，左手打住，打畢，落于右脚之後，左手隨之。

註解　『左側脚，用雙手打左脚』，兩手從右向左去。『左手打住』，左手從上向前展出打之，右手蓄于胸前。『打畢，落于右脚之後，左手隨之』，打畢，同時手與脚均就勢向下往左去，隨勢落右脚後。

**變化**

方向

面向東方

**姿勢**

一手　兩手打左脚，左手打住，右手落于胸前，從下卸回。　二肘　右肘曲，左肘微曲。

三膀　兩膀向前平鬆。　四頭　直立向左側。

五眼　神注左脚尖。　六身　豎直忌左歪。

七脚　左脚踢起，右脚踏緊地。

八膝　左膝展直，右膝微曲。

九胯　右胯略下蹲，左胯鬆活上起。

抱月蹬根(1)　動作變化

要旨　雙手回收合于心口，左脚就勢提回左方，抬而不落。

註解　『雙手回收合于心口』，雙手從打罷左側脚，往下往左，兩邊分開，復由左向上收到心口。『左脚抬而不落』，由左側脚向下往左收回，就勢提起，虛懸蓄勢。

姿勢

一手　雙手左右收回，沿路握拳，至心口雙手握成。　二肘　兩肘俱曲。　三膀　左右膀平鬆。　四頭　略向左側。

五眼　神注雙拳。　六身　身樁豎直，一脚獨立，支住全身。

七脚　右脚踏實，脚尖朝前，左脚虛懸，脚掌着地。　八膝　右膝直豎，左膝上曲。

九胯　右胯微蹲，左胯虛提。

(2) 動作

要旨 趁上勢左腳提起，朝左一蹬，全身外撕，雙拳外展。

註解 『趁上勢左腳提起，朝左一蹬』，用左腳後跟朝裏蹬出。『全身外撕，雙拳外展』，身拳都向左去，右邊右拳右腳墜住，右沉，以助之，不使牽動。

變化

姿勢

方向

面微向西北

一手 雙手握拳，外撐，臂俱朝前。

二肘 雙肘俱展，右肘曲，左肘微曲。

三膀 兩膀左右鬆。

四頭 微向左側。

五眼 神注左拳尖。

六身 身樁直豎。

七腳 左腳用腳跟平蹬，右腳踏緊。

八膝 左膝平展，右膝豎直微曲。

九胯 右胯略蹲，左胯平鬆。

## 青龍擊水 (1) 動作變化

要旨　急步，上右捶右脚，跟齊，即上左捶左脚，邁一大步。

註解　『急步』，左脚由左蹬根落地。『上右捶右脚』，右捶由急步向前朝裏轉圈上。『跟齊』，右脚隨右捶前去，跟至左脚齊。『即上左捶左脚』，左捶由左向裏前上，亦朝裏轉圈。『邁一大步』，左脚隨上勢，向左盡力開一大步前踏，以助左捶。

### 姿勢

一手　雙手握捶，輪流向左前上。

二肘　右肘曲，左肘微曲。

三膀　右膀向前下鬆，左膀向前平鬆。

方向　面向西北

四頭　略向左側。　五眼　神注左捶頭。

六身　身樁直豎。

七脚　左脚邁大步，右脚不動。

八膝　左膝攻起，右膝綳展。

九胯　左胯坐實，右胯墜住。

(2)

動作

要旨　左捶上接，右捶下打，左捶同時置于左方。

註解　『左捶上接』，左捶從左上方接住。『右捶下打』，右捶朝右上舉，順左捶接住下打，落于左腳尖前。『左捶同時置于左方』，左捶接住，回注裏捲，同時置于左胯彎之外，腳俱暗動，移向前。

變化

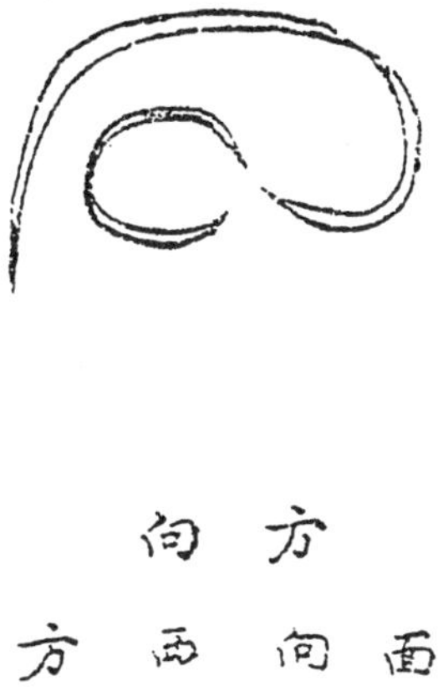


姿勢

一手　右捶打左腳前，左捶置左胯外，兩捶遙合。

二肘　兩肘皆曲。

三膀　兩膀下鬆。

四頭　平直勿俯。

五眼　神注右捶。

六身　腰展平直。

七腳　兩腳尖向前，腳後跟勿抬。

八膝　左膝平曲，右膝伸直。

九胯　左胯坐實，右胯隨之順直。

二起（1）動作　變化

要旨　雙捶設起向右去，身往上起，右腳不動，左腳掌虛點，身往下蹲。

註解　『雙捶設起向右去』，雙捶由左設起，向上往右去。『身往上起』，身隨捶設起。『右腳不動』，只移腳尖。『左腳掌虛點』，左腳跟去，腳掌點地。『身往下蹲』，欲伸先曲，用捶變掌。

方向

面微向東北

姿勢

一手　捶變成掌，右手偏右前伸，與眼角齊，左手亦偏右前跟，與心口齊，兩手掌合。

二肘　左右皆曲。　三膀　兩膀前鬆。

四頭　頭直微向右側。　五眼　神注右手梢。

六身　身樁豎直，勿向前俯。

七腳　右腳實踏，左腳虛點。　八膝　左右膝皆曲。　九胯　右胯坐實，左胯虛含。

(2) 動作

要旨　先抬左腳，再抬右腳，兩手并起打去，右手打住。

註解　『先抬左腳』，雙手向下向左一回，左腳不落。『再抬右腳』，兩手自左向上向右往前去，右手打住右腳。

變化

姿勢

一手　右手前伸打住左手同去，沉于心口。

二肘　左肘曲，右肘微曲。

三膀　左膀下鬆，右膀向前平鬆。

四頭　直立微向右側。

五眼　神注右腳尖。

六身　身樁扶直。

七腳　右腳踢起，左腳落下。

八膝　左膝曲起，右膝展起。

九胯　左胯抬起，右胯隨之不停，一是上抬。

方向

面向東方

懷中抱膝　動作

要旨　雙手上舉，將左膝環抱，抱往上起，抱至胸齊。

註解　『雙手上舉，將左膝環抱』，雙手就左膝兩旁往前去，向左右分開，回合抱住左膝。『抱往上起，抱至胸前』，雙手抱膝向裏上起，起至胸前。

變化

姿勢

一手　兩手合掌，自膝外將膝抱至胸中，手指向前。　二肘　兩肘皆曲。

三膀　兩膀下鬆。　四頭　豎直勿俯。

五眼　神注兩手指頭。

方向　面向東方

六身　身樁直立，切忌前俯後仰。

七腳　左腳抬起，提成虛懸，右腳踏實，支住全身。　八膝　左膝曲，右膝微曲。

九胯　左胯虛提，右胯墜住。

踢一腳　動作

要旨　腳往上一撩，朝上踢起，雙手同時推出，手腳一齊向上去。

註解　『腳往上一撩，朝上踢起』，雙手抱膝上起，腳尖撩時，膝往上抬，腳就勢向上踢去。『雙手同時推出』，雙手用掌向前推，指頭朝上。『手腳一齊向上去』，推畢乘勢一齊往上舉起。

變化

姿勢

一手　雙手前伸上起，手掌朝前，指向上。

二肘　兩肘微曲。　三膀　兩膀向前平鬆。

四頭　頭宜豎直。　五眼　神注中指指頭。

六身　身椿扶正，切忌前俯。

七腳　左腳踢，右腳支住全身，五趾抓地。

八膝　左膝因上踢展平，右微曲。

九胯　左胯上抬，右胯下墜。

方向　面向東方

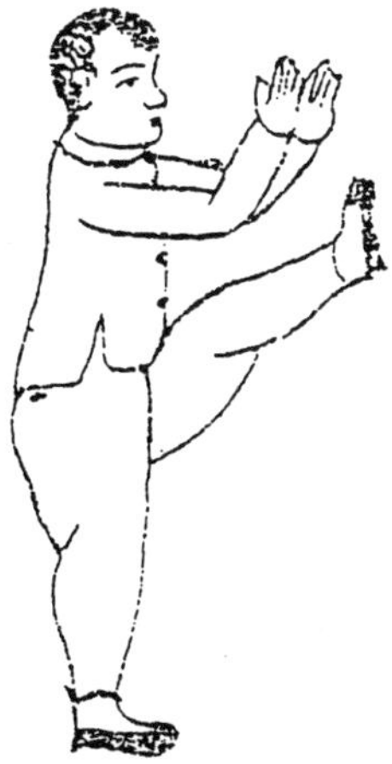

蹬一根　動作變化

要旨　由上勢兩手與左脚一齊往後轉，轉過左脚落地，趁勢右脚後跟即朝右蹬出，不落。

註解　『由上勢兩手與左脚一齊往後轉，轉過左脚落地』，兩手與左脚一統朝上往後轉，轉過左脚落于右脚之後。『趁勢右脚後跟即朝右蹬出』，左脚落時右脚就勢向上往右朝下向裏蹬出。『不落』，右脚不落，連住變下着。

方向

面向北方

姿勢

一手　兩手往裏下，左手按地，右手前伸，手臂朝前。　二肘　左肘曲，右肘微曲。

三膀　兩膀上下斜鬆。　四頭　橫直。

五眼　後視。　六身　身樁伏地橫直。

七脚　右脚後跟蹬出，左脚五趾抓地。

八膝　右膝展直，左膝曲住。

九胯　左胯坐實，右胯虛懸。

掩手捶　動作

要旨　右脚由不落轉過，左手左脚同時向右上，右手握捶，打于左手心內。

註解　『右脚由不落轉過，左手左脚同時向右上』，就右脚向上往外落時，左手左脚即隨住往右上，上到右脚前。『右手握捶，打于左手心內』，右手從右方握捶上起，下到左方，轉向左去，打于左手心內，與脚尖齊，由右往外轉時，雙手從兩膝分過，爲攔馬掌。

變化

方向

面向南方

姿勢

一手　左手掌心朝上，右手捶，手臂朝上。

二肘　兩肘皆曲。

三膀　兩膀往左下鬆。

四頭　頭直，微向左側。

五眼　神注右捶尖。

六身　身樁豎直，左沉。

七脚　左右脚俱五趾抓地，後跟踏緊。

八膝　左膝攻起，右膝綳展。

九胯　左右胯俱向下坐。

抱頭推山　動作

要旨　雙手順膝分開往右去，右腳不動。

註解　『雙手順膝分開』，雙手順左膝往外分開，左手往左拉，右手往右拉，均拉至膝外，朝上往右推。『右腳不動』，左手由左膝向上，從腦後過前，右手由右膝向上，至眼角齊，雙手合住，一齊向右推去，右腳乘手推時，只移腳尖。

變化

姿勢

一手　左右手側掌，向右前推，右手遙與眼應，左手遙與心應。　二肘　兩肘平曲。

三膀　兩膀平鬆。　四頭　豎直，微向右側。

方向　面向南方

五眼　神注右手指頭。　六身　身樁豎直，右沉。　七腳　左右腳俱踏實。

八膝　右膝平曲，左膝展直。

九胯　左右胯俱坐實。

## 單鞭

動作

要旨　由推山勢，兩手下按，至右膝左右，隨從右膝左右上起，至眼角齊，左右展開。

註解『由推山勢，兩手下按，至右膝左右』，兩手從右方手指朝下按，至右膝左右。『隨從右膝左右上起，至眼角齊』，即從右膝側掌，上到眼角齊。『左右展開』，同時左手從眼齊上至左方，右手從膝外下至右方。

變化

姿勢

一手　兩手至右眼角分開，左手側掌去左上蹺，右手捏撐去右下按。

二肘　左右肘微曲。

三膀　左膀前鬆，右膀後鬆。

四頭　微向左側。

五眼　神注左手指頭。

方向　面向南方

六身　身樁豎直。

七腳　兩腳踏實，俱向左側。

八膝　左膝曲平，右膝展直。

九胯　左右胯俱往下坐。

前照 動作

要旨 由單鞭右手上起外去，左手裏回下去，脚不動。

註解 『由單鞭右手上起外去』，右手放撐往右向上往外去，上至與眼角齊。『左手裏回下去』，左手由上朝下裏回，回至胸前，指向下往裏斜。『脚不動』，脚跟不動，脚尖隨手轉移。

變化

姿勢

一手 右手指上起，左手指下回至胸。

二肘 右肘朝上曲，左肘向下曲。

三胯 兩胯左右互鬆。 四頭 頭直，微向左側。 五眼 神注左手梢。

六身 直豎勿歪。

七脚 兩脚俱不明動，惟隨意暗動。

八膝 右膝曲住，左膝微伸。

九胯 左胯下蹲，右胯虛承。

方向 微向西南

後照 動作

要旨 左手向後上起外去，腳亦隨之外去，右手往裏回，腳亦隨之往裏回。

註解 『左手向後上起往外去』，左手由胸前向後轉上，往外去。『腳亦隨之外去』，左腳隨着左手。『右手往裏回，右腳亦隨之往裏回』，右手由右向下往裏轉，轉至右大腿外，右腳亦隨之往裏轉，腳跟提起。

變化 姿勢

一手 左手由胸前上起，右手回至右腿外。

二肘 左肘曲，右肘微曲。 三膀 兩膀平鬆。

四頭 頭直，微向左側。 五眼 神注左手梢。

六身 身椿扶直，勿歪。

七腳 左腳踏實，右腳虛提。

八膝 左膝微曲，右膝微伸。

九胯 左右胯俱向下微蹲。

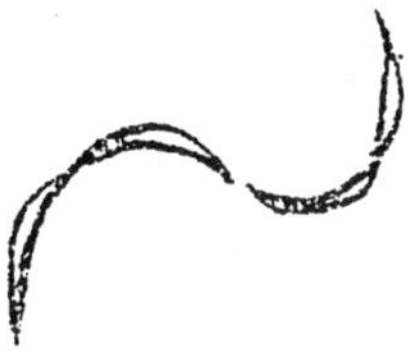

方向

面向西南

勒馬勢　動作

要旨　乘後照之收勢，右手右腳往外轉，腳跟點地，左手向裏轉，左腳不動。

註解　『乘後照之收勢，右手右腳往外轉，腳跟點地』，右手由下往裏往上往外轉，右腳由裏往上往外往下落，腳跟點地。『左手向裏轉，左腳不動』，左手往外往上往裏轉，左腳尖移向前平踏。

變化

姿勢

一手　右手掌朝上右側，左手臂朝上，亦右側。

二肘　兩肘皆曲。　三膀　右膀下鬆，左膀略下鬆。　四頭　頭直豎，右側。

五眼　神注兩手梢。

六身　直立扶照，勿向前俯。

七腳　右腳高起下落，左腳五趾抓地平踏。

八膝　右膝虛曲，左膝實曲。

九胯　左胯向下坐實，右胯下落虛提。

方向　西向西南

野馬分鬃 ⑴

動作

要旨　右手右脚從下往上往外分上，左手從上往下，合于左胯之外。

註解『右手右脚從下往上往外分上』，右手向下順襠向前朝上往外分上，上至與頂齊，右脚隨之。『左手從上往下，合于左胯之外』，左手從上往外往後轉下，收于左胯之外，左脚不動。

變化

方向　面向西南

姿勢

一手　右手掌朝上，微側，左手臂朝上，亦微側。

二肘　左右肘皆微曲。　三膀　兩膀上下互鬆。

四頭　頭斜直，略向右側。

五眼　神注右手梢。　六身　身椿斜直。

七脚　右脚向外上，左脚踏緊。

八膝　右膝曲住，左膝展直。

九胯　右胯下坐，左胯後墜。

(2) 動作

要旨　左手左腳從下注上注外分上，右手從上注下，合于右胯之外。

註解　『左手左腳從下注上注外分上』，左手向下順襠向前朝上注外分上，上至與頂齊，左腳隨之。『右手從上注下，合于右胯之外』，右手從上注外注後轉下，合于右胯之外，右腳暗動。

變化

姿勢

方向　面向西北

一手　左手掌微向外側，右手臂亦微向外側。

二肘　兩肘俱微曲。　三膀　右膀下鬆，左膀上鬆。　四頭　頭與脊順，斜立，微向左側。

五眼　神注左手梢。　六身　身椿向左側斜直。

七腳　左腳向左上踏實，右腳移動隨之。

八膝　左膝曲住，右膝展直。

九胯　左胯坐實，右胯後墜。

探馬勢　動作

要旨　卸左脚，提右脚，手隨脚動，右脚跟點地。

註解　『卸左脚』，左脚在前往回撤，將右脚撤于前方。『提右脚』，因左脚已撤回後面，右脚從速提回，即收至襠前。『手隨脚動』，脚回卸，手亦回卸，脚回提，手亦回提。『右脚跟點地』，脚虛懸待機。

變化

姿勢

一手　右手掌右側置膝上，左手臂右側，與鼻準對。　二肘　雙肘皆曲。

三胯　左胯上鬆，右胯下鬆。

四頭　頭豎直，微向右側。

方向

面向西方

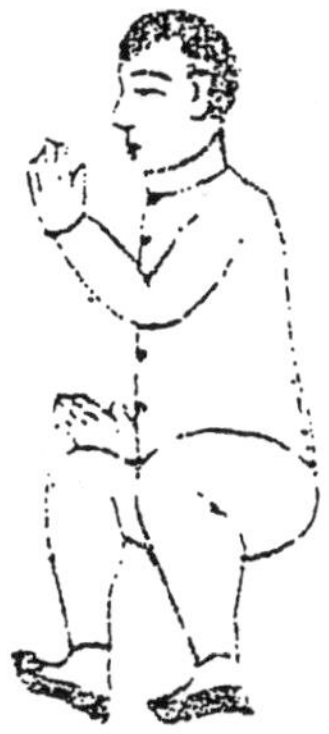

五眼　神注兩手梢。　六身　上下扶照，勿前俯。

七脚　右脚跟點地，宜虛，左脚踏地，宜實。

八膝　右膝虛曲，左膝實曲。

九胯　左右胯俱下蹲，右胯虛承。

玉女躥梭　動作

要旨　上右手右脚，跟左手左脚，左脚落地，右脚隨手懸起，朝後前上。

註解『上右手右脚』，右手一抬，右脚上提。『跟左手左脚』，右手右脚未落時，左手自右手虎口推出，左脚向右前健一步，點地。『左脚落地，右脚隨手懸起，朝後前上』，左脚落地時，右脚隨手懸起，朝上往後轉，轉過落到右前方，左脚不動，但移脚尖轉去。

變化

姿勢

一手　右手上起，左手順虎口前推，右手置于心口。

二肘　右肘曲于右肋，左肘微曲。

三膀　右膀後鬆，左膀前鬆。

四頭　頭豎直，勿歪。

方向　面向西北

五眼　神注左手梢。

六身　身樁扶直。

七脚　左脚踏實，右脚空懸。

八膝　左膝直立微曲，右膝抬起上曲。

九胯　左胯落實，右胯上提。

背折靠　動作

要旨　由上勢，右手右脚朝後轉過，右手展開，左手靠于左肋。

註解『由上勢，右手右脚朝後轉過』，右手右脚懸起，朝後向上轉過落地，右膝攻起。『右手展開』，右手由心口上起，沿路朝後轉時，就勢展開，向右上方去。『左手靠于左肋』，左手由上勢，向下沿路朝後轉時，收回靠于左肋。

變化

姿勢

一手　右手到右上方，掌心向内，左手到左肋，手臂向外。　二肘　左肘曲，右肘微曲。

三膀　左膀下鬆，右膀前鬆。

四頭　豎直，略向右側。　五眼　神注右手梢。

六身　身樁豎直。　七脚　兩脚踏實，向右側。

八膝　右膝攻起，左膝展直。

九胯　兩胯坐實。

單鞭　動作

要旨　兩手前合，下按上起，至膀齊，左上右下分開，左腳向左邁，右腳向左移。

註解　『兩手前合』，兩手同向左分，同向右合。『下按上起』，隨身下蹲，按至膝，隨身上起。『至膀齊，左上右下分開』，左手向上往左，右手向下往右，皆從膀齊分開。『左腳向左邁』，左腳隨左手，同向左邁去。『右腳向左移』，右腳同右手向右去，右腳尖蹺起，移向左去。

變化

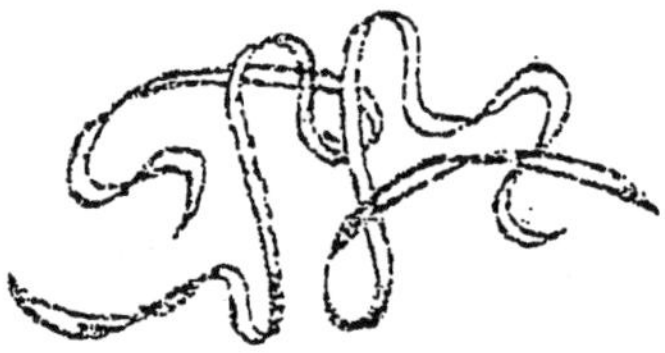

姿勢

一手　左手左去，掌向裏側，右手右去，撐向下扎。　二肘　左右兩肘微曲。

三膀　兩膀前後分鬆。　四頭　豎直，微向右側。　五眼　神注左手梢。

方向　面向南方

六身　身樁直立，切忌左歪。

七腳　左腳去左左側，右腳亦移向左左側。

八膝　左膝曲住，右膝展直。

九胯　左右兩胯皆下坐。

雲手　動作

要旨　右手去右，右腳隨之，右腳步窄，右手手高，後左手收回丹田。

註解　『右手去右，右腳隨之』，右手從丹田向上注右雲去，右腳隨手跟去。『右腳步窄，右手手高』，右腳邁窄步，向回收半步，步窄身高，手自然高起。『左手收回丹田』，因右手由丹田出去，左手當回，所以收回丹田，此是左雲右收，右雲左收，連貫不斷，名曰互行。

變化

姿勢

一手　右手由丹田注右去，至眉齊，左手收回丹田。　二肘　左肘曲，右肘微曲。

三胯　右胯平鬆，左胯下鬆。　四頭　微向右側。

方向

面向南方

五眼　神注右手梢。　六身　身樁右沉，扶直。

七腳　右腳後跟提起，左腳踏實。

八膝　右膝攻起，左膝展開。

九胯　右胯坐實，左胯虛應。

跌叉　動作　　變化

要旨　雙手收回心口，提右脚，即蹬左脚，雙手朝上分開落下，雙往前合，右手右脚往前上，　左手左脚向前衝。

註解　『雙手收回心口，提右脚，即蹬左脚』，右脚抬起往下跺，　左脚抬起向左蹬，鋪地下。『雙手朝上分開落下』，雙手由心口同時上起分開落于兩旁，掌心朝下。『雙往前合』，合住右手向右叫，身向右回，左手隨之。『右手右脚向前上，左手左脚向前衝』，趁勢一蹴，上與左脚齊，　左手豎起，右手在右蹴平。

姿勢

一手　兩手往上分下，掌朝上往前合，臂朝上。

二肘　兩肘微曲。　三膀　兩膀平鬆。

四頭　偏左直。　五眼　偏左視。

方向

面向南方

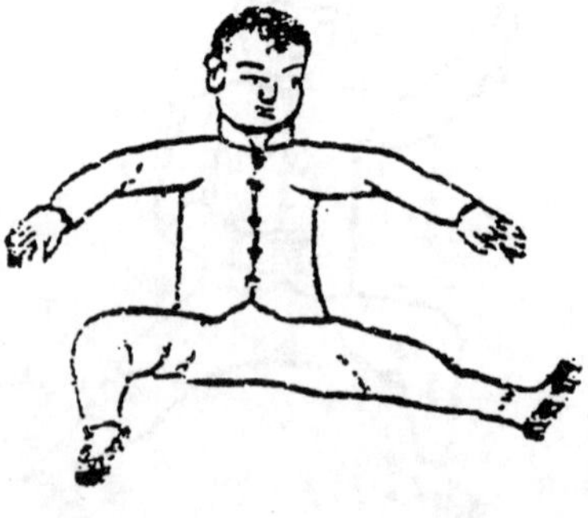

六身　直立，　勿前俯。　七脚　右脚五趾抓緊，左脚蹬展。

八膝　右膝曲，左膝展。

九胯　兩胯俱往下蹲，左實右虛。

更鷄獨立　動作

要旨　右手右脚朝前抬起，向後落下，左手隨之。

註解　『右手右脚朝前抬起』，右手自右前方上至右耳前，右脚朝前抬至大腿平。『向後落下』，右手右脚朝耳後落下。『左手隨之』，下至胯齊。

變化

姿勢

一手　右手由耳前上舉，耳後落下，左手下至胯齊。　二肘　左右肘俱微曲。　三胯　右胯上鬆，左胯下鬆。　四頭　頭直，微上仰。　五眼　神注右手梢。

方向

面微向東北

六身　上下直立。　七脚　右脚虛懸，左脚支撐全身，須五趾將地抓緊。

八膝　右膝曲至大腿平，左膝直立微曲。

九胯　左胯實承，右胯虛提。

## 朝天蹬

### 動作

要旨　左手左腳朝後抬起，向前落下，右手隨之。

註解　『左手左腳朝後抬起』，左手從左後方上至左耳後，左腳朝後抬至大腿平。『向前落下』，左手左腳朝耳前落下。『右手隨之』，至胯齊。

### 變化

### 姿勢

一手　左手由耳後上舉，耳前落下，右手下與胯齊。　二肘　兩肘微曲。

三膀　左膀上鬆，右膀下鬆。　四頭　直豎，微上仰。　五眼　神注左手梢。

六身　上下扶正，切忌前俯後仰。

七腳　右腳前後踏緊，左腳提起。

八膝　右膝直立微曲，左膝曲至大腿平。

九胯　右胯實支，左胯虛提。

方向　面微向東南

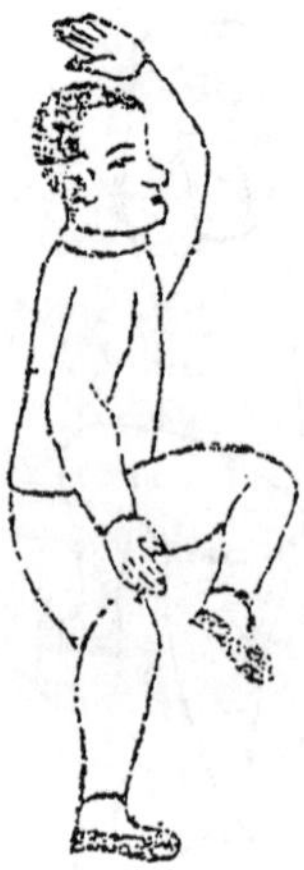

倒捲肱　動作

要旨　卸右手右脚，右手倒往回捲按襠內，右脚由襠仍踏右後方，再卸左手左脚，左手亦倒往回捲按襠內，左脚由襠仍踏左後方，變成雙手向右上提。

註解　『卸右手右脚』，右手向後朝上，往前按，右脚朝裏過襠往後，向右前踏。『卸左手左脚』，左手向後朝上，往前按，左脚朝裏過襠往後向左前踏。『變成雙手向右上提』，提至右上方。

變化　姿勢

一手　兩手俱朝後抬，往前按畢，變爲俱向右上提。

二肘　兩肘俱曲，變爲俱向右上伸。

三膀　兩膀下鬆。　四頭　頭直，微向下俯。

五眼　神注右手梢。　六身　椿向右側，腰不須彎。

七脚　右脚落地踏平，左脚落時脚掌先着地。

八膝　右膝曲至大腿平，左膝微伸。

九胯　右胯坐實，左胯虛承。

方向

面微向東北

白鵝亮翅　動作

要旨　由雙手提至右上方，同往左下，雙脚左下，右脚虛點，即從左手左脚，復上至右上方，左脚虛點。

註解　『由雙手提至右上方，同往左下』，下至右手在襠中，左手在膝外。『雙脚左下，右脚虛點』，隨至右脚掌着地。『即從左手左脚，復上至右上方』，右手斜與眼齊，左手遥與心應。『左脚虛點』，雙脚右去，左脚掌着地，　與前同是互行法。

變化　姿勢

一手　雙手右下，右手在襠中，左手在膝外，同往右上，右手與眼齊，左手與心對。

二肘　兩肘交互相曲。　三膀　兩膀交互相鬆。

四頭　左下左直，右上右直。　五眼　神注兩手梢。　六身　左下右上，身樁扶正。

七脚　左往右來，互爲虛實。　八膝　左下雙脚曲，右上膝微伸。

九胯　左下兩胯下坐，右上兩胯微伸，俱分虛實。

方向

面向東方

摟膝拗步（1）動作

要旨　兩手由上分開，交叉按于膝上，左腳橫蹬至左方。

註解『兩手由上分開，交叉按于膝上』，兩手起時上分，按時下合，皆順右膝，掌心向下按去。『左腳橫蹬至左方』，用腳朝地擦去，腳趾微向前斜。

變化

姿勢

一手　兩手分開按下，交叉合于右膝上。

二肘　兩肘平曲。　三膀　兩膀向右下鬆。

四頭　向右側，微俯。

五眼　神注交叉兩手梢。

六身　身樁右沉，豎直。

七腳　左腳橫蹬至左方，右腳踏緊，左虛右實。

八膝　右膝平曲，左膝繃展。

九胯　右胯坐實，左胯虛承。

方向

面向東方

(2)

動作

要旨　雙手橫分，至左右膝外。左膝曲，右膝伸，左手向左後去，右手朝上前來。

註解　『雙手橫分，至左右膝外』，右手拉短，左手拉長，要緩急相等，同時俱到。『左膝曲，右膝伸』，與手同動。『左手向左後去，　右手朝上前來』，左手順膝後摟至脊中，　右手順膝上轉至面前，與鼻照。

變化

姿勢

一手　右手與鼻尖照，左手與脊背照。

二肘　左右肘前後皆曲。

三胯　右胯前鬆，左胯後鬆。　四頭　向前立正。

五眼　神注右手梢。　六身　身樁扶正勿扭。

七脚　左脚尖斜，右脚隨之。

八膝　左膝曲住，右膝蹬直。

九胯　左右胯俱下坐。

方向

西向正東

閃通背（1）

動作

要旨　由摟膝往前進，上右手右腳，跟左手左腳，左腳跟提起。

註解　『往前進，上右手右腳』，右手右腳從外向上往前進，上至胯平。『跟左手左腳』，左手左腳從下向裏朝右跟，亦至胯平。『左腳跟提起』，提至與右腳相近，腳掌點地。

變化

姿勢

一手　右手向前進，掌朝前側，左手右跟，指向下捏。　二肘　右肘微曲，左肘彎曲。

三胯　兩胯平鬆。　四頭　豎直，向右微側。

五眼　神注右手梢。　六身　身樁扶直。

七腳　右腳朝前，左腳跟提起。　八膝　左右膝曲。　九胯　右胯坐下，左胯虛承。

方向

面向北方

(2) 動作

要旨 卸左手左腳，撤右手右腳，右腳趾蹺起。

註解 『卸左手左腳』，左手左腳，朝上起，往後向下落，至左大腿平。『撤右手右腳』，撤至右膝展直。『右腳趾蹺起』，腿向下鋪。

變化

方向 面向北方

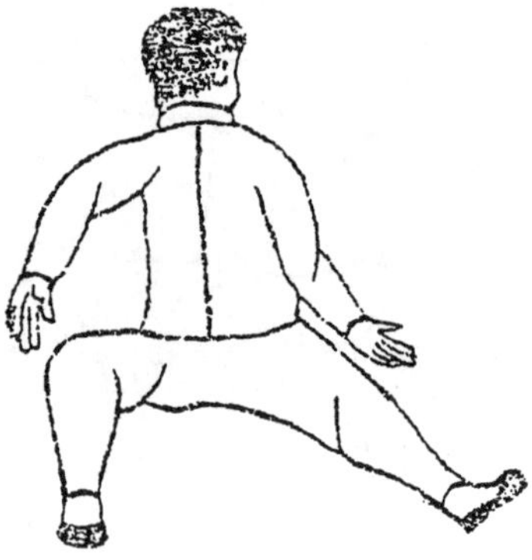

姿勢

一手 左手由上落至左膝外，右手由上下至右膝齊，左手臂朝前，右手掌朝前。

二肘 左肘曲，右肘微曲。 三胯 兩胯鬆下。

四頭 向右微側。 五眼 神注右手梢。

六身 豎直勿歪。

七腳 右腳尖微蹺，左腳趾抓地。

八膝 左曲右伸。 九胯 左胯坐實，右胯虛活。

(3) 動作

要旨 上左手左腳，右手右腳隨之，成四六步。

註解『上左手左腳』，左手上，左腳跟去，左手自左而右，從下前進上托，左腳自左由下前進下踏。『右手右腳隨之』，右手右腳隨左手左腳一活，亦從下注上托，腳從本地一撩注下踏，兩腳成四六騎馬勢。

變化

方向

面向南方

姿勢

一手 雙手由下注前，合掌上托。

二肘 左肘曲，右肘亦曲。

三膀 兩膀平鬆。

四頭 頭向上仰。

五眼 神注上方。

六身 身樁豎直。

七腳 兩腳微向左斜。

八膝 左膝曲，右膝微曲。

九胯 左右兩胯，俱向下蹲。

(4) 動作

要旨　朝後卸右手右脚，左手左脚隨右面後下鋪下。

註解　『朝後卸右手右脚』，右手與右脚，由上往右，朝後卸下。『左手左脚隨右面後下鋪下』，左脚不動，隨右脚後卸時一擰就勢鋪下，左手隨右手下至膝齊，左手在左膝裏，右手在右膝外，脚向右斜。

變化

方向
面向北方

姿勢

一手　左右手臂俱朝前。
二肘　右肘曲，左肘微曲。
三膀　兩膀下鬆。
四頭　略向左側。
五眼　神注左手梢。
六身　直立勿俯。
七脚　雙脚向裏側。
八膝　右曲左伸。
九胯　右胯坐實，左胯虛承。

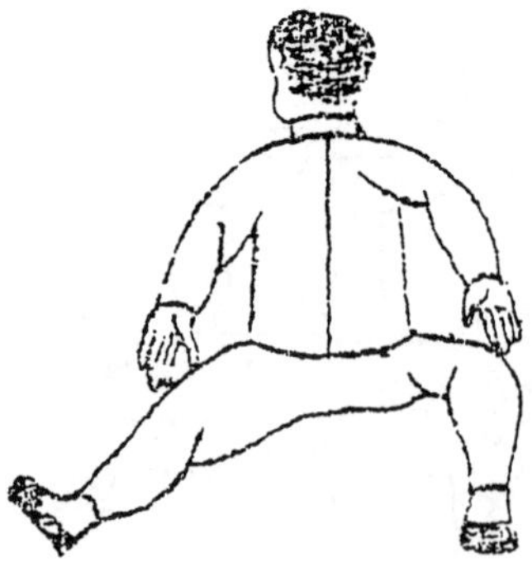

(5)

動作

要旨　右手右腳向上注前推，合于右方，左手左腳隨之，成右攻勢。

註解　『右手右腳向上注前推，合于右方』，右手右腳，由下注上向前進，朝右略向下推，同左手合于右方。『左手左腳隨之』，左手左腳由下注上朝右去，隨右手合于右方。『成右攻勢』，右膝曲住，左膝綳展。

變化

方向　西向南方

姿勢

一手　兩手合前右方，左手遥與心應。

二肘　左肘曲，右肘微曲。

三胯　兩胯向右鬆。

四頭　微向右側。

五眼　神注右手梢。

六身　身椿右沉，直豎。

七腳　兩腳俱朝右側。

八膝　右曲左展。

九胯　右胯坐實，左胯朝下壓。

單鞭（1）動作變化

要旨　兩手往前合，左腳往前跟，左腳掌點地。

註解　『兩手往前合』，兩手就上勢往上轉下，往外向左去，復從左往上往裏向右去，合于右上方。『左腳往前跟，左腳掌點地』，左手往右去時，左腳隨之往右去，用腳掌點地，前實後虛，無前傾後倒之患。

姿勢

一手　兩手均向左回，向右上，右手與眼角平，左手微低。　二肘　左回時兩肘俱曲，右上時兩肘仍曲。　三膀　左回下鬆，右上前鬆。

方向　面向南方

四頭　微向右側。　五眼　左回神注左手梢，右上神注右手梢。　六身　上下扶正。

七腳　左回右虛，右上左虛，成時左腳掌着地。

八膝　兩膝微曲。　九胯　兩胯微向下蹲。

(2) 動作

要旨　兩手左分右合，下按上起，至膀齊，左手往上向左去，右手往下向右去，左腳往左邁，右腳不動。

註解　『兩手左分右合，下按上起，至膀齊，左手往上向左去』，左手往上向左方展去。『右手往下向右去』，右手往下向右展出。『左腳往左邁』，左腳隨左手，邁向左去。『右腳不動』，右腳隨右手暗朝右動，用腳尖移向左去。

變化

姿勢

一手　左手掌向左側，右手揑撐向下扎。

二肘　兩肘微曲。　三膀　兩膀左右鬆。

四頭　豎直，微向左側。

方向

面向南方

五眼　神注左手指頭。　六身　身樁扶直。

七腳　左右腳一順往左斜。

八膝　左膝曲住，右膝綳展。

九胯　左右胯皆往下坐。

雲手　動作

要旨　右手往右去，右腳步窄，左手收回丹田。

註解　『右手往右去』，右手由丹田向上，往右雲。『右腳步窄』，右腳隨右手向右往回收半步，步窄身高，爲上雲，與左低不同，左低爲下雲，其實一樣。『左手收回丹田』，右手出去，左手回護。

變化

方向

面向南方

姿勢

一手　右手雲至眉齊，掌心向裏側，左手收回丹田，手臂朝前。　二肘　左肘曲，右肘微曲。

三胯　右胯前鬆，左胯下鬆。　四頭　頭向右微側。

五眼　神注右手指尖。　六身　身樁偏右沉，扶直。

七腳　右腳跟虛，左腳踏實，俱向右側。

八膝　右膝虛曲，左膝微直。

九胯　右胯略往下坐，左胯下墜。

變高探馬　動作

要旨　左脚向前偷半步，右手右脚前上後卸，左手左脚回提，脚掌虛點含實，一齊前去。

註解　『左脚向前偷半步』，爲變方向。『右手右脚前上後卸』，右手右脚同向前去，朝右卸回，左手隨之。『左手左脚回提』，左手左脚，朝右向下往上回提。『脚掌虛點含實，一齊前去』，趁脚掌虛點時，左手左脚，同右手一齊變實，向前上。

變化

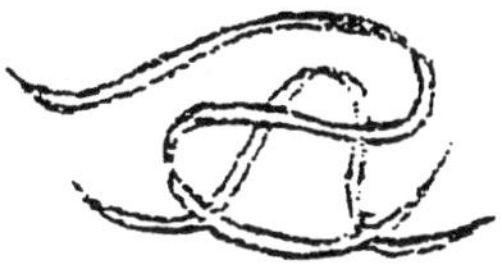

方向

面向西南

姿勢

一手　兩手成交叉式，右手臂朝上，左手掌朝上。　二肘　左右肘皆曲。

三膀　兩膀向前下鬆。　四頭　頭直左側。

五眼　神注兩手梢。

六身　身椿左側直豎，勿向前俯。

七脚　右脚踏實，左脚虛點，虛中藏實。

八膝　左膝曲中帶伸，右膝曲以鎮之。

九胯　左右胯皆坐實，左胯虛中有實。

十字脚　動作

要旨　由上勢左手左脚朝左方斜去，右手跟在左肘之下，右脚邁過左脚之前。

註解　『由上勢左手左脚朝左方斜去』，左手左脚，趁上勢一齊斜向前去。『右手跟在左肘之下』，右手從右下，轉至左肘下面。『右脚邁過左脚之前』，右脚横向左去，越過左脚前面，成交叉步之勢。

變化

姿勢

一手　兩手交叉，俱手臂朝上。

二肘　右肘曲，左肘微曲。

三膀　兩膀向前平鬆。　四頭　直竪左側。

五眼　神注左手梢。

方向　面向西南

六身　身樁側直，上下扶照。

七脚　右脚在前横踏，左脚在後正踏。

八膝　左右膝交叉微曲。

九胯　左右胯略往下蹲，俱向左側。

單擺腳　動作

要旨　左手在前，右手在後，右腳踢起，左手打住。

註解　『左手在前，右手在後』，既左手在前，前有物來，必用左手應之，右手助之。『右腳踢起』，右腳從襠中踢起，往左方過。『左手打住』，左手不動，右腳往左手底下擺過踢住，謂之左手打住。

變化

姿勢

一手　左手自左前方展着，平向左去，右手助之。

二肘　仍右肘曲，左肘微曲。

三膀　左膀向前平鬆，右膀隨之。

方向　面向西南

四頭　仍左側。

五眼　神注右腳尖。

六身　仍側直。

七腳　右腳踢起，左腳踏地抓緊。

八膝　右膝曲，左膝微曲。

九胯　左胯下墜，右胯鬆活。

指襠捶　動作

要旨　兩手從左方攻勢分開，拉成右前攻勢，隨手變爲左前攻勢，同時右手打于襠中，左手置在左胯。

註解　『兩手從左方攻勢分開，拉成右前攻勢』，左手左拉，右手右拉，拉至右膝攻起。『隨手變爲左攻勢，同時右手打于襠中，左手置在左胯』，由變左攻時，右變捶自右向上朝前打于襠中，左變捶，向上朝外往回收在左胯。

變化

方向

面向西南

姿勢

一手　右手握捶，虎口朝上，左手握捶，掌心朝上。

二肘　兩肘皆曲。

三胯　兩胯向前下鬆。

四頭　頭豎直。

五眼　神注右手捶頭。

六身　身樁豎直，勿扭。

七腳　兩腳踏實，俱向左側。

八膝　左攻右展，右攻左展，雖互相攻，重左攻。

九胯　左右胯，互相下墜。

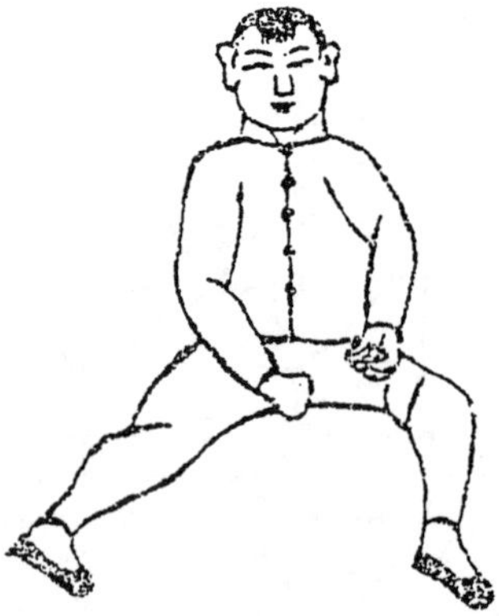

金剛搗碓　動作

要旨　兩手外分裏合，　右手斜右，左手斜左，右脚隨之，正上正下，右脚隨之踢起，左掌右捶，合與心齊。

註解　『兩手外分裏合』，兩手由捶伸掌，後分前合。『右手斜右，左手斜左』，右手由右裏上，右膝曲住，左手由左裏下，左脚踏出。『右脚隨之』，右手外下，隨右脚上與左脚齊，左手往外上，上至胸前。『正上正下』，右脚隨之踢起』，右捶上起，左掌下去。『右捶左掌一齊合與心齊』，同時脚往上踢，捶往下落，掌往上就，齊集心口，以掌抱捶。

變化

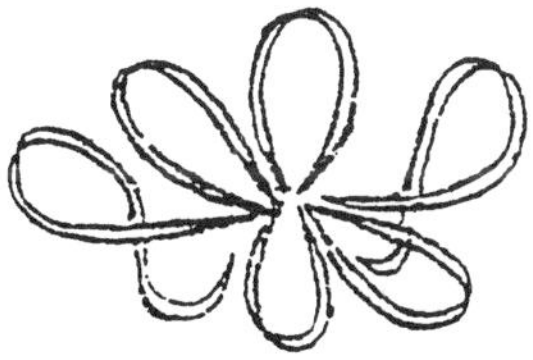

姿勢

一手　右捶左掌，以左掌抱右捶。

二肘　兩肘皆曲。　三膀　兩膀向前平鬆。　四頭　以端正爲主。

五眼　神注兩手中。

方向

面向正南

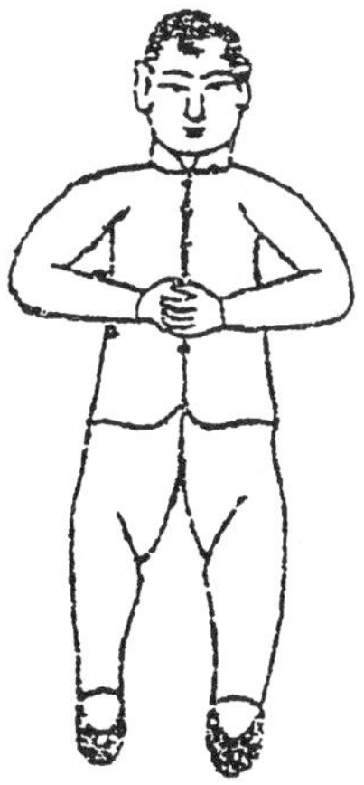

六身　身樁立正，微往下蹲，勿向前俯。

七脚　右脚微虛，左脚踏實，雙脚立正。

八膝　左右膝微向下曲。

九胯　兩胯略往下蹲。

懶擦衣　動作

要旨　左手左脚往左卸，右手隨之，右手右脚往右上，左手隨之。

註解　『左手左脚往左卸』，左手手臂朝前往左去，卸至左膝外，左膝曲住，右膝展開。『右手隨之』，右手卸襠中。『右手右脚往右上』，右手抬至眼齊，右脚向右邁，右膝攻起。『左手隨之』，左手叉腰。

變化

姿勢

一手　右手遥與眼應，左手叉于腰間。

二肘　左肘曲，右肘微曲。

三膀　左膀下鬆，右膀前鬆。

四頭　微向右側。　五眼　神注右手指頭。

方向　面向南方

六身　身樁向右扶直。

七脚　兩脚俱向右側。

八膝　右膝曲住，左膝繃展。

九胯　左右胯皆向下墜。

## 鋪地錦

### 動作

要旨　鋪左手左腳，右手右腳隨注左下。

註解　『鋪左手左腳』，左手左腳朝後一齊向上抬起，注下鋪。『右手右腳隨注左下』，右手隨左手亦向上抬起，右腳不動，乘勢下鋪至地，左腳曲膝，右腳右膝展直，腳尖上蹺。

### 變化

### 姿勢

一手　左手下至左肋，右手收至膝內。

二肘　左肘曲，右肘微曲。　三膀　兩膀左右鬆。　四頭　微向右側。

五眼　神注右手指頭。

方向　面向南方

六身　身樁豎直，勿使前俯。

七腳　左腳踏實，右腳虛承，腳尖蹺起。

八膝　左膝曲住，右膝綳展。

九胯　左右胯皆下坐，左胯實，右胯虛。

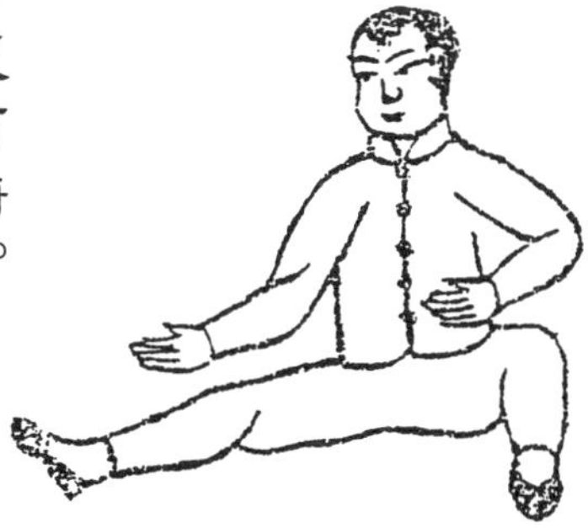

挽七星　動作

要旨　右手右腳撩起前上，左手左腳跟去，兩手往回合，左腳虛點，兩拳向前分，右腳後跟墩。

註解　『右手右腳撩起前上，左手左腳跟去』，右手右腳，向上握拳前衝，左手變拳，連腳跟去。『兩手往回合，左腳虛點』，左手向右手上繞過回合，左腳掌跟去下墜。『兩拳向前分，右腳後跟墩』，兩拳朝右膝分開搗下，用腳後跟助力。

變化

姿勢

一手　右手握拳，手臂朝上，左手握拳，手心朝下。二肘　左右肘皆曲。

三膀　兩膀皆向下鬆。四頭　頭豎直，右側。五眼　神注右手拳尖。

方向　面微向西南

六身　身樁側直扶照，勿使扭掉。

七腳　右腳實中有虛，左腳虛中帶實。

八膝　兩膝皆曲，右實左虛。

九胯　左右胯皆坐實下墜。

回頭探花 (1) 動作

要旨　左手左腳朝上起，將向後跳，右手右腳隨之。

註解　『左手左腳朝上起，將向後跳』，左手左腳，朝左上方抬起，預備向後跳。『右手右腳隨之』，右手右腳，即隨左手左腳一是舉起向後跳。

變化

姿勢

一手　左手向左上起，同時右手亦隨左邊上起。

二肘　右肘曲，左肘微曲。

三膀　左膀向外上鬆，右膀朝裏下鬆。

方向　面向西南

四頭　向左上側。

五眼　神注左手梢。

六身　向左側，直立。

七腳　左腳抬起向外，右腳踏實。

八膝　左膝曲，右膝微曲。

九胯　左胯上起，右胯下沉。

(2) 動作

要旨 由上式向後跳成斜步，隨用左手扭至胯彎，同時右手從後折過到于襠內。

註解 『由上式向後跳成斜步』，跳時左腳抬起，踏于右腳後，右腳抬起，踏于後斜方，成斜步。『隨用左手扭至胯彎』，左手隨之向後轉，下置于胯彎。『同時右手從後折過到襠內』，虎口朝上打下。

變化

姿勢

一手 左手握捶置左胯彎，右手握捶打正襠中。

二肘 左肘曲，右肘微曲。 三膀 兩膀下鬆。

四頭 微向下俯。 五眼 神注右捶虎口。

六身 身樁扶正，勿使扭掉。

七腳 左右腳踏實，俱向左側。

八膝 左膝曲住，右膝展直。

九胯 左右胯俱坐實。

方向

面向東北

折花聞香　動作

要旨　右捶從襠，左捶自胯，一齊注右上，兩腳隨之。

註解　『右捶從襠，左捶自胯，一齊注右上』，右捶從襠向外注右去，左捶自胯朝裏注右去。一齊注右上，兩捶同時齊向右上方打去。『兩腳隨之』，右腳向外注右去，左腳朝裏亦注右去，至右方，兩膝皆曲，左腳虛點。

變化　姿勢

一手　兩手握拳，兩拳相合。

二肘　左右肘皆曲。　三膀　兩膀俱向右鬆。

四頭　頭直，微向右側。　五眼　神注兩手拳尖。

方向

面向東北方

六身　身樁豎直。　七腳　右腳踏實，左腳虛提。

八膝　兩膝皆曲，右膝曲實，左膝虛助。

九胯　右胯注下蹲，左胯虛活，不須太曲，至成時，注下蹲平。

單鞭　動作

要旨　兩捶下按，變掌上起，至眼角齊，左手左去，右手右去，左腳左邁，右腳不動。

註解　『兩捶下按，變掌上起，至眼角齊』，由捶沿路變掌，同往上起，至右眼角齊。『左手左去』，左手往上向左方展去。『右手右去』，右手往下朝右方展去。『左腳左邁』，左腳同時隨左手邁向右方。『右腳不動』，右腳乘右手朝下拐，右腳尖向裏移。

變化

姿勢

一手　左手側掌，掌心向裏，右手捏撐，手指向下。

二肘　兩肘微曲。　三膀　左膀上鬆，右膀下鬆。

四頭　頭直，微向左側。　五眼　神注左手梢。

六身　身樁扶正，勿向左歪。

七腳　兩腳俱踏實，一順左斜。

八膝　左膝曲住，右膝展開。

九胯　左右胯俱向下坐。

方向

面向北方

鋪地錦 動作

要旨 鋪右手右脚，左手左脚隨之。

註解 『鋪右手右脚』，右手右脚朝後一是向上抬起，往後鋪。『左手左脚隨之』，左手隨右手，亦向上抬起，往下落，右脚下落，左脚鋪于地上，左手亦隨之下。

變化

姿勢

一手 右手鋪至右肋間，左手鋪至左膝前。

二肘 右肘曲，左肘微曲。 三膀 兩膀下鬆。

四頭 微向左側。 五眼 神注左手梢。

六身 身椿豎直，勿向前俯。

七脚 右脚踏實，左脚蹺起，虛中有實。

八膝 右膝曲住，左膝伸直。

九胯 左胯坐實，右胯鬆活。

方向 面向北方

上步七星　動作

要旨　左搥左脚撩起前上，右搥右脚跟上，雙搥回合，右脚虛點，雙搥向前分，右脚卸回。

註解　『左搥左脚撩起前上，右搥右脚跟上』，左搥左脚向上前衝，右搥右脚連步跟上。『雙搥回合，右脚虛點』，右搥往左手下繞上，轉回合住，右脚掌跟去下沉。『雙搥向前分，右脚卸回』，雙搥朝左膝上分開下搥，右脚一沉，卸回。

變化　

姿勢

一手　左手握拳在前，向上，右手握拳在後，向下。

二肘　左肘向上曲，右肘向下曲。

三膀　左膀上鬆，右膀下鬆。　四頭　直微向左側。

五眼　神注左拳尖。

六身　豎直，忌扭掉。

七脚　左脚踏實，右脚虛中帶實。

八膝　左膝實曲，右膝虛曲。

九胯　左胯坐實，右胯虛活。

方向

西微向西北

卸步挎弧　動作

要旨　卸右拳右脚，提左拳左脚，右拳在前在上，左拳在後在下，左脚虛提。

註解　『卸右拳右脚，提左拳左脚』，兩拳從左膝一分，右脚後卸，左脚迅速隨住撤回。『右拳在前在上，左拳在後在下』，右拳從左膝向右方上至面前，左拳從左膝向外方，收到背後，『左脚虛提』。

變化

姿勢

一手　兩手握拳，右拳與髮際齊，掌心向下，左拳與脊骨照，掌心向上。

二肘　右肘前曲，左肘後曲。

三膀　左右上下鬆。

四頭　左側順直。

方向　面向西北

五眼　神注右拳尖。

六身　身樁扶照。

七脚　左脚虛懸，右脚踏實。

八膝　右膝實曲，左膝虛曲。

九胯　左右胯皆蹲下，左胯實承，右胯虛提。

轉臉擺腳　動作

要旨　由上式背面轉過來，雙手俱向右方，右腳抬起，過襠展出，雙手打住，向右斜方踏去。

註解　『由上式背面轉過來，雙手俱向右方』，右手向右平展，　左手向右平與心遙應。『右腳抬起，過襠展出，雙手打住』，雙手由右往左，　右腳由襠往右碰住雙手。『向右斜方踏去』，順勢右腳從上落下，　踏于右斜方，與右腳斜對。

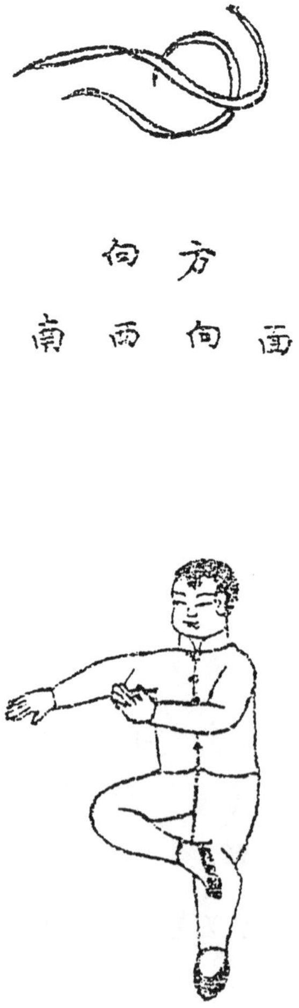


變化　姿勢

一手　雙手由左往右，右側，由右往左，左側，俱手臂側朝裏。

二肘　右方，左肘曲，左方，右肘曲。

三膀　左右互鬆。　四頭　左右互側，豎直。

五眼　神注左右手梢。　六身　左右直豎。

七腳　右腳抬起，往襠擺過碰手，左腳五趾抓地。

八膝　左膝微曲，右膝收襠裏曲，伸出展直。

九胯　左胯沉住，右胯鬆活。

## 當頭炮　動作　變化　姿勢

要旨　雙手由左下至右，即由右上至當中，左手在前，右手在後，左腳攻起，右腳展開。

註解『雙手由左下至右』，左手在右膝內，右手在右膝外。『即由右上至當中』，即由右邊雙手變成拳，上至胸前。『左手在前，右手在後』，雙拳俱掌緣朝前，中成太極。『左腳攻起，右腳展開』，左腳隨左拳前攻，右腳隨右拳後墜。

方向

面向西南

一手　雙手至右變拳，手臂俱側朝上，兩拳遥與鼻準對。二肘　兩肘俱曲。

三胯　兩胯平鬆。四頭　直豎，微向左側。

五眼　神注左手拳頭。六身　直豎，微向左側。

七腳　兩腳踏實，一順左側。

八膝　左膝曲住，右膝綳展。

九胯　左右胯俱坐實，下墜。

還原 動作

總解 因上勢陽往上升，陰往下降，化爲陽升天，陰入地，水火不相濟。此則由分復合，左右互交，上落下就，右拳左掌，重會于心口，雙脚往來隨之，雙手仍收回兩大腿外側，令陰陽仍相交合，化生萬有。

變化

姿勢

一手 兩手略沉。
二肘 兩肘微曲。
三膀 兩膀下鬆。
四頭 豎直勿歪。
五眼 眼向平視。
六身 身樁直立。
七脚 兩脚平踏。
八膝 雙膝微曲。
九胯 兩胯略墜。

方向
面向正南

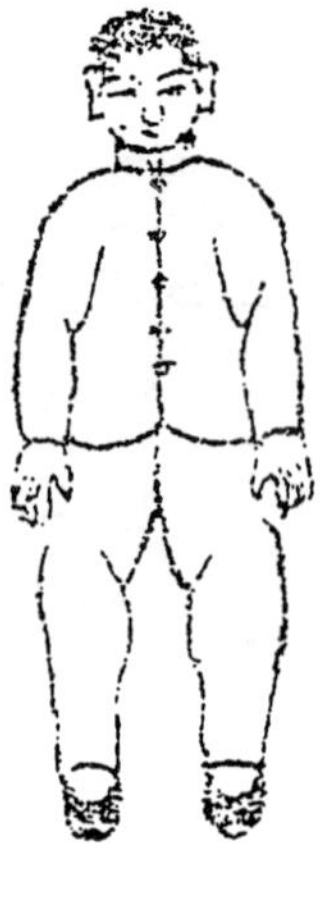

中華民國二十四年五月 初版

蔣老夫子傳

太極拳正宗共八冊，余所編皆係余師任老夫子所傳。其一生所繪總圖及十三樣手法之圖僅兩見。在先，與余師兄陳四典繪過一次，陳已沒世，其次余焉。此外未聞再繪。近因余如弟劉瀛仙囑余公開，公之同好。今將一冊先付印焉，其餘正在編述中。

編述者 沁陽杜元化
校閱者 鞏縣劉煥東
校背絲扣者 沁陽杜善吉慶 滑縣高玉璞 洛陽楊耀曾 郟縣朱德全
印刷者 開封城內中山南街魁生德

[illegible]

## 後记

《太極拳正宗》由任長春所傳，其一生所繪總圖，及十三樣手法之圖等，經弟子杜元化編述，出版於民國時期，是介紹河南温縣趙堡鎮太極拳的稀見拳書。該書圖文并茂，內容翔實細膩，記録了趙堡鎮太極拳獨特、古老的訓練秘法，集拳法精要和太極思想文化於一體，具有重要傳承價值。

將這本太極拳書重新整理出版，是我多年來的心願。只是太極拳訓練秘法傳統上是要擇人而傳的。所謂的擇人，大致是從以下幾個方面進行的，模仿力、體質、願望、恒心、智慧、品德等爲其要者。而最難找到的是品德高尚的人，不要説是在現今社會難以找到，即便是在過去的時代，也不會輕易找到既品德高尚、體質健壯，又有强烈的練習欲望和模仿力，有恒心堅持不輟的人才。若按前輩們的嚴格要求，正宗的、秘法的太極拳有很大的失傳風險。爲了解決這個現實問題，我覺得應該把這本記載了許多太極拳訓練秘法的《太極拳正宗》整理後重新出版。以讓太極拳訓練的許多秘法傳於後世，這也是拯救中華古老文化的有效方法之一。

這本《太極拳正宗》最早是我師父任子義帶着我從我師叔王培華那兒借到的。借到後，幾經周折，終於在西安醫學院圖書館復印了一册，隨後據復印本對書中殘損處，結合研習體悟和修煉心得做了填補。蒙西安高壓開關廠師兄戚實安幫助，填補本復印五册。

正是這本《太極拳正宗》談到了太極拳是和大自然息息相關的思想文化精髓。天有二至，夏至、冬至；二分，春分、秋分；四立，立春、立夏、立秋、立冬。人身有陰陽，以合二至；人身有左右，以合二分；人身有四大節，以合四季；等等。把大自然的天象與人身的結構有機結合在一起，形成了簡樸的『天人合一』學說。

這本書的內容，把我以前總是在太極拳本身內部的各種思考和探索，一下引入對天地、對大自然、對宇宙的思考和探索中。我受益良多，也希望更多的人通過學習閱讀此書，獲得新的體悟。

幾年前，我夢到恩師，他希望能將《太極拳正宗》重新出版，以傳後世。

德者神也，德在神之上。失德者，鬼也。

道者物也，道在物之中。失道者，腐也。

如今我們把《太極拳正宗》重新整理後出版，旨在使中華太極文化之精髓，延綿不斷，根深葉茂，花果漫山，錦綉人間。

張廣漢

二〇二一年夏